Le Malade imaginaire

Molière

Copyright © 2024, Jean-Baptiste Poquelin dit Molière
Édition : BoD • Books on Demand GmbH, In de
Tarpen 42, 22848 Norderstedt (Allemagne)
Impression : Libri Plureos GmbH, Friedensallee 273,
22763 Hamburg (Allemagne)
ISBN : 978-2-3225-3745-7
Dépôt légal : Août 2024

NOTICE.

Voltaire a dit du *Malade imaginaire* : « C'est une de ces farces de Molière dans laquelle on trouve beaucoup de scènes dignes de la haute comédie. » Geoffroy a dit à son tour avec beaucoup de raison, en répondant à Voltaire : « Il faut retourner ce jugement. *Le Malade imaginaire* n'est point une farce, c'est une excellente comédie de caractère, où l'on trouve, à la vérité, quelques scènes qui se rapprochent de la farce ; et même, si la pièce était jouée décemment et sans charge, comme elle doit l'être, il n'y aurait qu'une scène de farce, celle du déguisement de Toinette en médecin. Dans cette pièce, qu'on voudrait flétrir du nom de farce, on voit combien l'amour désordonné de la vie est destructeur de toute vertu morale. Argan, voué à la médecine, esclave de M. Purgon, est aussi un époux sot et dupe, un père injuste, un homme dur, égoïste, colère. Avec quelle énergie et quelle vérité l'auteur trace le tableau des caresses perfides d'une belle-mère qui abuse de la faiblesse d'un imbécile mari pour dépouiller les enfants du premier lit ! Quelle décence, quelle raison ! quelle fermeté dans le caractère d'Angélique ! Cette comédie est l'image fidèle de ce qui se passe dans un grand nombre de familles. Enfin l'auteur a osé y attaquer un des préjugés les plus universels et les plus anciens de la société ; il a osé y combattre les deux passions qui font le plus de dupes, la crainte de la mort et l'amour de la vie : il a bien pu les persifler, mais, hélas ! il était au-dessus de son art de les détruire. Les usages qui ont leur force dans la faiblesse humaine, bravent tous les traits du ridicule. Molière, il faut bien l'avouer, n'a point corrigé les hommes de la médecine, mais il a corrigé les médecins de leur ignorance et de leur barbarie. Les représentations du *Malade imaginaire* ne diminuèrent pas le crédit des médecins de la cour : madame de Maintenon n'en eut pas moins de respect pour la Faculté ; le sévère Fagon, digne émule de Purgon, n'en purgea pas moins Louis XIV toutes les semaines ; les jours de médecine du monarque n'en furent pas moins des jours solennels, des jours d'étiquette ; et les écoles de médecine continuèrent longtemps à retentir des arguments des Diafoirus. »

« On sait, dit encore Geoffroy, que *le Malade imaginaire* est la dernière pièce de Molière. Cette pièce, qu'on a coutume de donner dans le carnaval, est en elle-même un peu lugubre et rappelle une grande perte. Quand Molière joua le rôle du Malade imaginaire, il était lui-même attaqué d'une maladie très-réelle. Depuis un an, il s'était réconcilié avec sa femme. La réconciliation d'un mari amoureux et jaloux avec une femme vive et coquette s'accorde mal avec le régime du lait. Molière oublia qu'il avait une poitrine, pour se souvenir qu'il avait un cœur ; mais il éprouva que le plaisir n'est pas si sain que le bonheur. Pour maintenir la bonne intelligence avec une femme très-difficile à vivre, il fit des sacrifices qui augmentèrent considérablement sa toux. La mort sembla vouloir venger ses fidèles médecins, plus vivement attaqués dans *le Malade imaginaire* que dans aucune autre maladie. »

Molière, en composant *le Malade imaginaire*, avait eu l'intention de « délasser le roi de ses nobles travaux, car on était au retour de la première campagne de Hollande, signalée par de nombreux triomphes. » La pièce, par des motifs qui ne sont pas connus, ne fut point représentée devant la cour, et elle fut donnée pour la première fois au public le 10 février 1673, le vendredi avant le dimanche gras. « Le jour de la quatrième représentation, le 17 du même mois, Molière, qui remplissait le rôle d'Argan, dit M. Taschereau, se sentit plus malade que de coutume. Baron et tous ceux qui l'entouraient le sollicitèrent en vain de ne pas jouer : « Comment voulez-vous que je fasse ? leur répondit-il ; il y a cinquante pauvres ouvriers qui n'ont que leur journée pour vivre, que feront-ils si je ne joue pas ? je me reprocherais d'avoir négligé de leur donner du pain un seul jour, le pouvant absolument. » Il fut convenu seulement que la représentation aurait lieu à quatre heures précises. Sa fluxion le fit si cruellement souffrir qu'il lui fallut faire de grands efforts intérieurs pour achever son rôle. Dans la cérémonie, au moment où il prononça le mot *juro*, il lui prit une convulsion qui put être aperçue par quelques spectateurs, et qu'il essaya aussitôt de déguiser par un rire forcé. La représentation ne fut pas interrompue ; mais immédiatement après ses porteurs le transportèrent chez lui, rue de Richelieu. Là, sa toux le reprit avec une telle violence, qu'un des vaisseaux de sa poitrine se rompit. » Il mourut suffoqué par le sang. *Le Malade imaginaire* appartient, quant au fond, entièrement à Molière ; mais les commentateurs ont indiqué, comme ayant fourni au poète le canevas de plusieurs scènes : 1° la pièce italienne, *Arlechino medico volante* ; 2° *le Mari malade* ; 3° *Boniface ou le Pédant*, pièce italienne, déjà imitée dans *le Mariage forcé*, qui avait aussi fourni à La Fontaine le conte du *Paysan qui a offensé son seigneur*. Si l'on en croit le témoignage d'un contemporain, Georges Backer, qui publia à Bruxelles, en 1694, une édition des œuvres de notre auteur, les médecins auraient fait des démarches très-actives auprès de Louis XIV pour empêcher l'impression de la pièce.

PERSONNAGES DE LA COMÉDIE.

ARGAN, malade imaginaire. Il est vêtu en malade[1]. De gros bas, des mules, un haut-de-chausse étroit, une camisole rouge avec quelque galon ou dentelle ; un mouchoir de cou à vieux passements, négligemment attaché ; un bonnet de nuit avec la coiffe à dentelle[2].

BÉLINE, seconde femme d'Argan.

ANGÉLIQUE, fille d'Argan et amante de Cléante[3].

LOUISON, petite-fille d'Argan, et sœur d'Angélique[4].

BÉRALDE, frère d'Argan. En habit de cavalier modeste.

CLÉANTE, amant d'Angélique. Il est vêtu galamment et en amoureux[5].

MONSIEUR DIAFOIRUS, médecin.

THOMAS DIAFOIRUS, son fils, et amant d'Angélique[6].

MONSIEUR PURGON, médecin d'Argan. Ces trois personnage sont vêtus de noir, et en habit ordinaire de médecin, excepté Thomas Diafoirus, dont l'habit a un long collet uni ; ses cheveux sont longs et plats, son manteau passe ses genoux, et il porte une mine tout à fait niaise.

MONSIEUR FLEURANT, apothicaire. Il est aussi vêtu de noir, ou de gris brun, avec une courte serviette devant soi, et une seringue à la main. Il est sans chapeau.

MONSIEUR BONNEFOI, notaire.

TOINETTE, servante[7].

PERSONNAGES DU PROLOGUE.

FLORE.

DEUX ZÉPHYRS, dansants.

CLIMÈNE.

DAPHNÉ.

TIRCIS, amant de Climène, chef d'une troupe de bergers.

DORILAS, amant de Daphné, chef d'une troupe de bergers.

BERGERS ET BERGÈRES de la suite de Tircis, dansants et chantants.

BERGERS ET BERGÈRES de la suite de Dorilas, chantants et dansants.

PAN.

FAUNES, dansants.

PERSONNAGES DES INTERMÈDES.

DANS LE PREMIER ACTE.

POLICHINELLE.
UNE VIEILLE.
VIOLONS.
ARCHERS, chantants et dansants.

DANS LE SECOND ACTE.

QUATRE ÉGYPTIENNES, chantantes.
ÉGYPTIENS ET ÉGYPTIENNES, chantants et dansants.

DANS LE TROISIÈME ACTE.

TAPISSIERS, dansants.
LE PRÉSIDENT de la Faculté de médecine.
DOCTEURS.
ARGAN, bachelier.
APOTHICAIRES, avec leurs mortiers et leurs pilons.
PORTE-SERINGUES.
CHIRURGIENS.

La scène est à Paris.

1. ↑ Nous empruntons ces indications de costume à l'édition des *Œuvres de Molière,* publiée chez George Backer.
2. ↑ Acteurs de la troupe de Molière : MOLIÈRE.
3. ↑ Acteurs de la troupe de Molière : Mademoiselle MOLIÈRE.
4. ↑ Acteurs de la troupe de Molière : La petite BEAUVAL.
5. ↑ Acteurs de la troupe de Molière : LA GRANGE.
6. ↑ Acteurs de la troupe de Molière : BEAUVAL.
7. ↑ Acteurs de la troupe de Molière : Mademoiselle BEAUVAL.

PROLOGUE.

Après les glorieuses fatigues et les exploits victorieux de notre auguste monarque, il est bien juste que tous ceux qui se mêlent d'écrire travaillent ou à ses louanges, ou à son divertissement. C'est ce qu'ici l'on a voulu faire ; et ce prologue est un essai des louanges de ce grand prince, qui donne entrée à la comédie du *Malade imaginaire*, dont le projet a été fait pour le délasser de ses nobles travaux.

Le théâtre représente un lieu champêtre, et néanmoins fort agréable.

ÉCLOGUE

EN MUSIQUE ET EN DANSE.

Scène I.

FLORE, DEUX ZÉPHYRS, dansants.

Flore.

Quittez, quittez vos troupeaux ;
Venez, bergers, venez, bergères ;
Accourez, accourez sous ces tendres ormeaux :
Je viens vous annoncer des nouvelles bien chères,
Et réjouir tous ces hameaux.
Quittez, quittez vos troupeaux ;
Venez, bergers, venez, bergères ;
Accourez, accourez sous ces tendres ormeaux.

Scène II.

FLORE, DEUX ZÉPHYRS, dansants ; CLIMÈNE, DAPHNÉ, TIRCIS, DORILAS.

Climène, *à Tircis* ; **Et Daphné**, *à Dorilas.*
Berger, laissons là tes feux :
Voilà Flore qui nous appelle.

Tircis, *à Climène* ; **Et Dorilas**, *à Daphné.*
Mais au moins, dis-moi, cruelle,

Tircis.

Si d'un peu d'amitié tu payeras mes vœux.

Dorilas.

Si tu seras sensible à mon ardeur fidèle.

Climène et Daphné.

Voilà Flore qui nous appelle.

Tircis et Dorilas.

Ce n'est qu'un mot, un mot, un seul mot que je veux.

Tircis.

Languirai-je toujours dans ma peine mortelle ?

Dorilas.

Puis-je espérer qu'un jour tu me rendras heureux ?

Climène et Daphné.

Voilà Flore qui nous appelle.

Scène III.

FLORE ; DEUX ZÉPHYRS, dansants ; CLIMÈNE, DAPHNÉ, TIRCIS, DORILAS ; BERGERS ET BERGÈRES de la suite de Tircis et Dorilas, chantants et dansants.

PREMIÈRE ENTRÉE DE BALLET.

Toute la troupe des bergers et des bergères va se placer en cadence autour de Flore.

CLIMÈNE.

Quelle nouvelle parmi nous,
Déesse, doit jeter tant de réjouissance ?

DAPHNÉ.

Nous brûlons d'apprendre de vous
Cette nouvelle d'importance.

DORILAS.

D'ardeur nous en soupirons tous.

CLIMÈNE, DAPHNÉ, TIRCIS, DORILAS.

Nous en mourons d'impatience.

FLORE.

La voici ; silence, silence !
Vos vœux sont exaucés, LOUIS est de retour ;
Il ramène en ces lieux les plaisirs et l'amour,
Et vous voyez finir vos mortelles alarmes.
Par ses vastes exploits son bras voit tout soumis ;
    Il quitte les armes,
    Faute d'ennemis.

Chœur.

Ah ! quelle douce nouvelle !
Qu'elle est grande ! qu'elle est belle !
Que de plaisirs ! que de ris ! que de jeux !
Que de succès heureux !
Et que le ciel a bien rempli nos vœux !
Ah ! quelle douce nouvelle !
Qu'elle est grande ! qu'elle est belle !

DEUXIÈME ENTRÉE DE BALLET.
Tous les bergers et bergères expriment, par des danses les transports de leur joie.

Flore.

De vos flûtes bocagères
Réveillez les plus beaux sons ;
LOUIS offre à vos chansons
La plus belle des matières.
Après cent combats,
Où cueille son bras
Une ample victoire,
Formez entre vous
Cent combats plus doux,
Pour chanter sa gloire.

Chœur.

Formons, entre nous,
Cent combats plus doux,
Pour chanter sa gloire.

FLORE.

Mon jeune amant, dans ce bois,
Des présents de mon empire
Prépare un prix à la voix
Qui saura le mieux nous dire
Les vertus et les exploits
Du plus auguste des rois.

CLIMÈNE.

Si Tircis a l'avantage,

DAPHNÉ.

Si Dorilas est vainqueur,

CLIMÈNE.

À le chérir je m'engage.

DAPHNÉ.

Je me donne à son ardeur.

TIRCIS.

Ô trop chère espérance !

Dorilas.

Ô mot plein de douceur !

Tircis et Dorilas.

Plus beau sujet, plus belle récompense
Peuvent-ils animer un cœur ?

Les violons jouent un air pour animer les deux bergers au combat, tandis que Flore, comme juge, va se placer au pied d'un arbre qui est au milieu du théâtre, avec deux Zéphyrs, et que le reste, comme spectateurs, va occuper les deux côtés de la scène.

Tircis.

Quand la neige fondue enfle un torrent fameux,
Contre l'effort soudain de ses flots écumeux,
  Il n'est rien d'assez solide
  Digues, châteaux, villes et bois,
  Hommes et troupeaux à la fois,
  Tout cède au courant qui le guide :
  Tel, et plus fier et plus rapide,
  Marche LOUIS dans ses exploits.

TROISIÈME ENTRÉE DE BALLET.

Les bergers et bergères du côté de Tircis dansent autour de lui, sur une ritournelle, pour exprimer leurs applaudissements.

Dorilas.

Le foudre menaçant qui perce avec fureur
L'affreuse obscurité de la nue enflammée,
    Fait, d'épouvante et d'horreur,
    Trembler le plus ferme cœur ;
    Mais, à la tête d'une armée,
    LOUIS jette plus de terreur.

QUATRIÈME ENTRÉE DE BALLET.
Les bergers et bergères du côté de Dorilas font de même que les autres.

Tircis.

Des fabuleux exploits que la Grèce a chantés
Par un brillant amas de belles vérités
    Nous voyons la gloire effacée ;
    Et tous ces fameux demi-dieux,
    Que vante l'histoire passée,
    Ne sont point à notre pensée
    Ce que LOUIS est à nos yeux.

CINQUIÈME ENTRÉE DE BALLET.
Les bergers et bergères du côté de Tircis font encore la même chose.

Dorilas.

LOUIS fait à nos temps, par ses faits inouïs,
Croire tous les beaux faits que nous chante l'histoire
    Des siècles évanouis ;
    Mais nos neveux, dans leur gloire,
    N'auront rien qui fasse croire
    Tous les beaux faits de LOUIS.

SIXIÈME ENTRÉE DE BALLET.
Les bergers et bergères du côté de Dorilas font encore de même.

SEPTIÈME ENTRÉE DE BALLET.
Les bergers et bergères du côté de Tircis et de celui de Dorilas se mêlent et dansent ensemble.

Scène IV.

FLORE, PAN ; DEUX ZÉPHYRS, dansants ; CLIMÈNE, DAPHNÉ ; TIRCIS, DORILAS ; FAUNES, dansants ; BERGERS ET BERGÈRES, chantants et dansants.

Pan.

Laissez, laissez, bergers, ce dessein téméraire ;
    Hé ! que voulez vous faire ?
    Chanter sur vos chalumeaux
    Ce qu'Apollon sur sa lyre,

Avec ses chants les plus beaux,
N'entreprendroit pas de dire :
C'est donner trop d'essor au feu qui vous inspire ;
C'est monter vers les cieux sur des ailes de cire,
Pour tomber dans le fond des eaux.

Pour chanter de LOUIS l'intrépide courage,
Il n'est point d'assez docte voix,
Point de mots assez grands pour en tracer l'image ;
Le silence est le langage
Qui doit louer ses exploits.
Consacrez d'autres soins à sa pleine victoire ;
Vos louanges n'ont rien qui flatte ses désirs :
Laissez, laissez là sa gloire,
Ne songez qu'à ses plaisirs.

Chœur.

Laissons, laissons là sa gloire,
Ne songeons qu'à ses plaisirs.

Flore, *à Tircis et à Dorilas.*

Bien que, pour étaler ses vertus immortelles,
La force manque à vos esprits,
Ne laissez pas tous deux de recevoir le prix,
Dans les choses grandes et belles,
Il suffit d'avoir entrepris[1].

HUITIÈME ENTRÉE DE BALLET
Les deux Zéphyrs dansent avec deux couronnes de fleurs à la main, qu'ils viennent donner ensuite aux deux bergers.

Climène Et Daphné, *donnant la main à leurs amants.*

Dans les choses grandes et belles,
Il suffit d'avoir entrepris.

Tircis Et Dorilas.

Ah ! que d'un doux succès notre audace est suivie !

Flore Et Pan.

Ce qu'on fait pour LOUIS, on ne le perd jamais.

Climène, Daphné, Tircis, Dorilas.

Au soin de ses plaisirs donnons-nous désormais.

Flore Et Pan.

Heureux, heureux qui peut lui consacrer sa vie !

Chœur.

Joignons tous dans ces bois
Nos flûtes et nos voix :
    Ce jour nous y convie ;
Et faisons aux échos redire mille fois :

LOUIS est le plus grand des rois ;
Heureux, heureux qui peut lui consacrer sa vie !

NEUVIÈME ENTRÉE DE BALLET.
Faunes, bergers et bergères, tous se mêlent, et il se fait entre eux des jeux de danse ; après quoi ils se vont préparer pour la comédie.

AUTRE PROLOGUE.

Scène I.

UNE BERGÈRE, chantante.

Votre plus haut savoir n'est que pure chimère,
    Vains et peu sages médecins ;
Vous ne pouvez guérir, par vos grands mots latins
    La douleur qui me désespère :
Votre plus haut savoir n'est que pure chimère.

  Hélas ! hélas ! je n'ose découvrir
    Mon amoureux martyre
  Au berger pour qui je soupire,

>   Et qui seul peut me secourir.
>   Ne prétendez pas le finir,
>   Ignorants médecins ; vous ne sauriez faire :
>   Votre plus haut savoir n'est que pure chimère.
>   Ces remèdes peu sûrs, dont le simple vulgaire
>   Croit que vous connoissez l'admirable vertu,
>   Pour les maux que je sens n'ont rien de salutaire ;
>   Et tout votre caquet ne peut être reçu
>   Que d'un MALADE IMAGINAIRE.
>
> Votre plus haut savoir n'est que pure chimère,
>   Vains et peu sages médecins, etc.

Le théâtre change et représente une chambre.

---

1. ↑ C'est la traduction de l'adage latin tiré de Tibulle : *In magnis et voluisse sat est.* La Fontaine a dit de même, en terminant son *Discours à M. le Dauphin* :

   Et, si de t'agréer je n'emporte le prix,
   J'aurai du moins l'honneur de l'avoir entrepris.   (Auger).

ACTE PREMIER.

Scène I.

ARGAN, assis, une table devant lui, comptant avec des jetons les parties de son apothicaire.

Trois et deux font cinq, et cinq font dix, et dix font vingt ; trois et deux font cinq. « Plus, du vingt-quatrième, un petit clystère insinuatif, préparatif et rémollient, pour amollir, humecter et rafraîchir les entrailles de monsieur. » Ce qui me plaît de monsieur Fleurant, mon apothicaire, c'est que ses parties sont toujours fort civiles. « Les entrailles de monsieur, trente sols. » Oui ; mais, monsieur Fleurant, ce n'est pas tout que d'être civil ; il faut être aussi raisonnable, et ne pas écorcher les malades. Trente sols un lavement ! Je suis votre serviteur, je vous l'ai déjà dit ; vous ne me les avez mis dans les autres parties qu'à vingt sols ; et vingt sols en langage d'apothicaire, c'est-à-dire dix sols ; les voilà, dix sols. « Plus, dudit jour, un bon clystère détersif, composé avec catholicon double, rhubarbe, miel rosat, et autres, suivant l'ordonnance, pour balayer, laver et nettoyer le bas-ventre de monsieur, trente sols. » Avec votre permission, dix sols. « Plus, dudit jour, le soir, un julep hépatique, soporatif et somnifère, composé pour faire dormir monsieur, trente-cinq sols. » Je ne me plains pas de celui-là ; car il me fit bien dormir. Dix, quinze, seize, et dix-sept sols six deniers. « Plus, du vingt-cinquième, une bonne médecine purgative et corroborative, composée de casse récente avec séné levantin, et autres, suivant l'ordonnance de monsieur Purgon, pour expulser et évacuer la bile de monsieur, quatre livres. » Ah ! monsieur Fleurant, c'est se moquer : il faut vivre avec les malades. Monsieur Purgon ne vous a pas ordonné de mettre quatre francs. Mettez, mettez trois livres, s'il vous plaît. Vingt et trente sols. « Plus, dudit jour, une potion anodine et astringente, pour faire reposer monsieur, trente sols. » Bon, dix et quinze sols. « Plus, du vingt-sixième, un clystère carminatif, pour chasser les vents de monsieur, trente sols. » Dix sols, monsieur Fleurant. « Plus, le clystère de monsieur, réitéré le soir, comme dessus, trente sols. » Monsieur Fleurant, dix sols. « Plus, du vingt-septième, une bonne médecine, composée pour hâter d'aller et chasser dehors les mauvaises humeurs de monsieur, trois livres. » Bon, vingt et trente sols ; je suis bien aise que vous soyez raisonnable. « Plus, du vingt-huitième, une prise de petit lait clarifié et dulcoré pour adoucir, lénifier, tempérer et rafraîchir le sang de monsieur, vingt sols. » Bon, dix sols. « Plus, une potion cordiale et préservative, composée avec douze grains de bézoar, sirop de limon et grenades, et autres, suivant l'ordonnance, cinq livres. » Ah ! monsieur Fleurant, tout doux, s'il vous plaît ;

si vous en usez comme cela, on ne voudra plus être malade : contentez-vous de quatre francs, vingt et quarante sols. Trois et deux font cinq et cinq font dix, et dix font vingt. Soixante et trois livres quatre sols six deniers. Si bien donc que, de ce mois, j'ai pris une, deux, trois, quatre, cinq, six, sept et huit médecines ; et un, deux, trois, quatre, cinq, six, sept, huit, neuf, dix, onze et douze lavements ; et, l'autre mois, il y avoit douze médecines et vingt lavements. Je ne m'étonne pas si je ne me porte pas si bien ce mois-ci que l'autre. Je le dirai à monsieur Purgon, afin qu'il mette ordre à cela. Allons, qu'on m'ôte tout ceci. (Voyant que personne ne vient, et qu'il n'y a aucun de ses gens dans sa chambre.) Il n'y a personne. J'ai beau dire : on me laisse toujours seul ; il n'y a pas moyen de les arrêter ici. (Après avoir sonné une sonnette qui est sur la table.) Ils n'entendent point, et ma sonnette ne fait pas assez de bruit. Drelin, drelin, drelin. Point d'affaire. Drelin, drelin, drelin. Ils sont sourds… Toinette. Drelin, drelin, drelin. Tout comme si je ne sonnois point. Chienne ! coquine ! Drelin, drelin, drelin. J'enrage. (Il ne sonne plus, mais il crie.) Drelin, drelin, drelin. Carogne, à tous les diables ! Est-il possible qu'on laisse comme cela un pauvre malade tout seul ? Drelin drelin, drelin. Voilà qui est pitoyable ! Drelin, drelin, drelin ! Ah ! mon Dieu ! Ils me laisseront ici mourir. Drelin, drelin, drelin[1].

Scène II.

ARGAN, TOINETTE.

TOINETTE, *en entrant.*

On y va.

ARGAN.

Ah ! chienne ! ah ! carogne !

TOINETTE, *faisant semblant de s'être cogné la tête.*

Diantre soit fait de votre impatience ! Vous pressez si fort les personnes, que je me suis donné un grand coup de la tête contre la carne d'un volet.

ARGAN, *en colère.*

Ah ! traîtresse !…

TOINETTE, *interrompant Argan.*

Ah !

ARGAN.

Il y a…

TOINETTE.

Ah !

ARGAN.

Il y a une heure…

TOINETTE.

Ah !

ARGAN.

Tu m'as laissé…

TOINETTE.

Ah !

ARGAN.

Tais-toi donc, coquine, que je te querelle.

TOINETTE.

Çamon, ma foi, j'en suis d'avis, après ce que je me suis fait.

ARGAN.

Tu m'as fait égosiller, carogne.

Toinette.

Et vous m'avez fait, vous, casser la tête : l'un vaut bien l'autre. Quitte à quitte, si vous voulez.

Argan.

Quoi ! coquine…

Toinette.

Si vous querellez, je pleurerai.

Argan.

Me laisser, traîtresse…

Toinette, *interrompant encore Argan.*

Ah !

Argan.

Chienne ! tu veux…

Toinette.

Ah !

Argan.

Quoi ! il faudra encore que je n'aie pas le plaisir de la quereller ?

TOINETTE.

Querellez tout votre soûl : je le veux bien.

ARGAN.

Tu m'en empêches, chienne, en m'interrompant à tous coups.

TOINETTE.

Si vous avez le plaisir de quereller, il faut bien que, de mon côté, j'aie le plaisir de pleurer : chacun le sien, ce n'est pas trop. Ah !

ARGAN.

Allons ; il faut en passer par là. Ôte-moi ceci, coquine, ôte-moi ceci. (Après s'être levé.) Mon lavement d'aujourd'hui a-t-il bien opéré ?

TOINETTE.

Votre lavement ?

ARGAN.

Oui. Ai-je bien fait de la bile ?

Toinette.

Ma foi ! je ne me mêle point de ces affaires-là ; c'est à monsieur Fleurant à y mettre le nez, puisqu'il en a le profit.

Argan.

Qu'on ait soin de me tenir un bouillon prêt, pour l'autre que je dois tantôt prendre.

Toinette.

Ce monsieur Fleurant-là et ce monsieur Purgon s'égaient sur votre corps ; ils ont en vous une bonne vache à lait, et je voudrois bien leur demander quel mal vous avez, pour faire tant de remèdes.

Argan.

Taisez-vous, ignorante ; ce n'est pas à vous à contrôler les ordonnances de la médecine. Qu'on me fasse venir ma fille Angélique : j'ai à lui dire quelque chose.

Toinette.

La voici qui vient d'elle-même ; elle a deviné votre pensée.

Scène III.

ARGAN, ANGÉLIQUE, TOINETTE.

ARGAN.

Approchez, Angélique : vous venez à propos ; je voulois vous parler.

ANGÉLIQUE.

Me voilà prête à vous ouïr.

ARGAN.

Attendez. (À Toinette.) Donnez-moi mon bâton. Je vais revenir tout à l'heure.

TOINETTE.

Allez vite, monsieur, allez. Monsieur Fleurant nous donne des affaires.

Scène IV.

ANGÉLIQUE, TOINETTE.

ANGÉLIQUE.

Toinette !

TOINETTE.

Quoi ?

ANGÉLIQUE.

Regarde-moi un peu.

TOINETTE.

Hé bien ! je vous regarde.

ANGÉLIQUE.

Toinette !

TOINETTE.

Hé bien ! quoi, Toinette ?

ANGÉLIQUE.

Ne devines-tu point de quoi je veux parler ?

TOINETTE.

Je m'en doute assez : de notre jeune amant ; car c'est sur lui depuis six jours que roulent tous nos entretiens ; et vous n'êtes point bien, si vous n'en parlez à toute heure.

Angélique.

Puisque tu connois cela, que n'es-tu donc la première à m'en entretenir ? Et que ne m'épargnes-tu la peine de te jeter sur ce discours ?

Toinette.

Vous ne m'en donnez pas le temps ; et vous avez des soins là-dessus qu'il est difficile de prévenir.

Angélique.

Je t'avoue que je ne saurois me lasser de te parler de lui, et que mon cœur profite avec chaleur de tous les moments de s'ouvrir à toi. Mais, dis-moi, condamnes-tu, Toinette, les sentiments que j'ai pour lui ?

Toinette.

Je n'ai garde.

Angélique.

Ai-je tort de m'abandonner à ces douces impressions ?

Toinette.

Je ne dis pas cela.

Angélique.

Et voudrois-tu que je fusse insensible aux tendres protestations de cette passion ardente qu'il témoigne pour moi ?

Toinette.

À Dieu ne plaise !

Angélique.

Dis-moi un peu : ne trouves-tu pas, comme moi, quelque chose du ciel, quelque effet du destin, dans l'aventure inopinée de notre connoissance ?

Toinette.

Oui.

Angélique.

Ne trouves-tu pas que cette action d'embrasser ma défense, sans me connoître, est tout à fait d'un honnête homme ?

Toinette.

Oui.

Angélique.

Que l'on ne peut pas en user plus généreusement ?

TOINETTE.

D'accord.

ANGÉLIQUE.

Et qu'il fit tout cela de la meilleure grace du monde ?

TOINETTE.

Oh ! oui.

ANGÉLIQUE.

Ne trouves-tu pas, Toinette, qu'il est bien fait de sa personne ?

TOINETTE.

Assurément.

ANGÉLIQUE.

Qu'il a l'air le meilleur du monde ?

TOINETTE.

Sans doute.

ANGÉLIQUE.

Que ses discours, comme ses actions, ont quelque chose de noble ?

Toinette.

Cela est sûr.

Angélique.

Qu'on ne peut rien entendre de plus passionné que tout ce qu'il me dit ?

Toinette.

Il est vrai.

Angélique.

Et qu'il n'est rien de plus fâcheux que la contrainte où l'on me tient, qui bouche tout commerce aux doux empressements de cette mutuelle ardeur que le ciel nous inspire ?

Toinette.

Vous avez raison.

Angélique.

Mais, ma pauvre Toinette, crois-tu qu'il m'aime autant qu'il me le dit ?

Toinette.

Hé ! hé ! ces choses-là parfois sont un peu sujettes à caution. Les grimaces d'amour ressemblent fort à la vérité ; et j'ai vu de grands comédiens là-dessus.

Angélique.

Ah ! Toinette, que dis-tu là ? Hélas ! de la façon qu'il parle, seroit-il bien possible qu'il ne me dît pas vrai ?

Toinette.

En tout cas, vous en serez bientôt éclaircie ; et la résolution où il vous écrivit hier qu'il étoit de vous faire demander en mariage, est une prompte voie à vous faire connoître s'il vous dit vrai ou non. C'en sera là la bonne preuve.

Angélique.

Ah ! Toinette, si celui-là me trompe, je ne croirai de ma vie aucun homme.

Toinette.

Voilà votre père qui revient.

Scène V.

ARGAN, ANGÉLIQUE, TOINETTE.

Argan.

Oh çà, ma fille, je vais vous dire une nouvelle, où peut-être ne vous attendez-vous pas. On vous demande en mariage. Qu'est-ce que cela ? Vous riez ? Cela est plaisant oui, ce mot de mariage ! Il n'y a rien de plus drôle pour les jeunes filles. Ah ! nature, nature ! À ce que je puis voir, ma fille, je n'ai que faire de vous demander si vous voulez bien vous marier.

Angélique.

Je dois faire, mon père, tout ce qu'il vous plaira de m'ordonner.

Argan.

Je suis bien aise d'avoir une fille si obéissante : la chose est donc conclue, et je vous ai promise.

Angélique.

C'est à moi, mon père, de suivre aveuglément toutes vos volontés.

Argan.

Ma femme, votre belle-mère, avoit envie que je vous fisse religieuse, et votre petite sœur Louison aussi, et de tout temps elle a été aheurtée à cela.

Toinette, *à part.*

La bonne bête a ses raisons.

Argan.

Elle ne vouloit point consentir à ce mariage ; mais je l'ai emporté, et ma parole est donnée.

Angélique.

Ah ! mon père, que je vous suis obligée de toutes vos bontés !

Toinette, *à Argan.*

En vérité, je vous sais bon gré de cela ; et voilà l'action la plus sage que vous ayez faite de votre vie.

Argan.

Je n'ai point encore vu la personne : mais on m'a dit que j'en serois content, et toi aussi.

Angélique.

Assurément, mon père.

Argan.

Comment ! l'as-tu vu ?

Angélique.

Puisque votre consentement m'autorise à vous pouvoir ouvrir mon cœur, je ne feindrai point de vous dire que le hasard nous a fait connoître il y a six jours, et que la demande qu'on vous a faite est un effet de l'inclination que, dès cette première vue, nous avons prise l'un pour l'autre.

Argan.

Ils ne m'ont pas dit cela ; mais j'en suis bien aise, et c'est tant mieux que les choses soient de la sorte. Ils disent que c'est un grand jeune garçon bien fait.

Angélique.

Oui, mon père.

Argan.

De belle taille.

Angélique.

Sans doute.

Argan.

Agréable de sa personne.

Angélique.

Assurément.

Argan.

De bonne physionomie.

Angélique.

Très bonne.

Argan.

Sage et bien né.

Angélique.

Tout à fait.

Argan.

Fort honnête.

Angélique.

Le plus honnête du monde.

Argan.

Qui parle bien latin et grec.

ANGÉLIQUE.

C'est ce que je ne sais pas.

ARGAN.

Et qui sera reçu médecin dans trois jours.

ANGÉLIQUE.

Lui, mon père ?

ARGAN.

Oui. Est-ce qu'il ne te l'a pas dit ?

ANGÉLIQUE.

Non, vraiment. Qui vous l'a dit, à vous ?

ARGAN.

Monsieur Purgon.

ANGÉLIQUE.

Est-ce que monsieur Purgon le connoît ?

ARGAN.

La belle demande ! Il faut bien qu'il le connoisse puisque c'est son neveu.

Angélique.

Cléante, neveu de monsieur Purgon ?

Argan.

Quel Cléante ? Nous parlons de celui pour qui l'on t'a demandée en mariage.

Angélique.

Hé ! oui.

Argan.

Hé bien ! c'est le neveu de monsieur Purgon, qui est le fils de son beau-frère le médecin, monsieur Diafoirus ; et ce fils s'appelle Thomas Diafoirus, et non pas Cléante ; et nous avons conclu ce mariage-là ce matin, monsieur Purgon, monsieur Fleurant, et moi ; et demain, ce gendre prétendu doit m'être amené par son père. Qu'est-ce ? Vous voilà tout ébaubie !

Angélique.

C'est, mon père, que je connois que vous avez parlé d'une personne, et que j'ai entendu une autre.

Toinette.

Quoi ! monsieur, vous auriez fait ce dessein burlesque ? Et, avec tout le bien que vous avez, vous voudriez marier votre fille avec un médecin ?

Argan.

Oui. De quoi te mêles-tu, coquine, impudente que tu es ?

Toinette.

Mon Dieu ! tout doux. Vous allez d'abord aux invectives. Est-ce que nous ne pouvons pas raisonner ensemble sans nous emporter ? Là, parlons de sang-froid. Quelle est votre raison, s'il vous plaît, pour un tel mariage ?

Argan.

Ma raison est que, me voyant infirme et malade comme je le suis, je veux me faire un gendre et des alliés médecins, afin de m'appuyer de bons secours contre ma maladie, d'avoir dans ma famille les sources des remèdes qui me sont nécessaires, et d'être à même des consultations et des ordonnances.

Toinette.

Hé bien ! voilà dire une raison, et il y a du plaisir à se répondre doucement les uns aux autres. Mais, monsieur, mettez la main à la conscience ; est-ce que vous êtes malade ?

ARGAN.

Comment, coquine ! si je suis malade ! Si je suis malade, impudente !

TOINETTE.

Hé bien ! oui, monsieur, vous êtes malade ; n'ayons point de querelle là-dessus. Oui, vous êtes fort malade, j'en demeure d'accord, et plus malade que vous ne pensez : voilà qui est fait. Mais votre fille doit épouser un mari pour elle ; et, n'étant point malade, il n'est pas nécessaire de lui donner un médecin.

ARGAN.

C'est pour moi que je lui donne ce médecin ; et une fille de bon naturel doit être ravie d'épouser ce qui est utile à la santé de son père.

TOINETTE.

Ma foi, monsieur, voulez-vous qu'en amie je vous donne un conseil ?

ARGAN.

Quel est-il, ce conseil ?

TOINETTE.

De ne point songer à ce mariage-là.

ARGAN.

Et la raison ?

TOINETTE.

La raison, c'est que votre fille n'y consentira point[2].

ARGAN.

Elle n'y consentira point ?

TOINETTE.

Non.

ARGAN.

Ma fille ?

TOINETTE.

Votre fille. Elle vous dira qu'elle n'a que faire de monsieur Diafoirus, de son fils Thomas Diafoirus, ni de tous les Diafoirus du monde.

Argan.

J'en ai affaire, moi, outre que le parti est plus avantageux qu'on ne pense. Monsieur Diafoirus n'a que ce fils-là pour tout héritier ; et, de plus, monsieur Purgon, qui n'a ni femme ni enfants, lui donne tout son bien en faveur de ce mariage ; et monsieur Purgon est un homme qui a huit mille bonnes livres de rente.

Toinette.

Il faut qu'il ait tué bien des gens, pour s'être fait si riche.

Argan.

Huit mille livres de rente sont quelque chose, sans compter le bien du père.

Toinette.

Monsieur, tout cela est bel et bon ; mais j'en reviens toujours là : je vous conseille, entre nous, de lui choisir un autre mari ; et elle n'est point faite pour être madame Diafoirus.

Argan.

Et je veux, moi, que cela soit.

Toinette.

Hé, fi ! ne dites pas cela.

ARGAN.

Comment ! que je ne dise pas cela ?

TOINETTE.

Hé, non.

ARGAN.

Et pourquoi ne le dirai-je pas ?

TOINETTE.

On dira que vous ne songez pas à ce que vous dites.

ARGAN.

On dira ce qu'on voudra ; mais je vous dis que je veux qu'elle exécute la parole que j'ai donnée.

TOINETTE.

Non ; je suis sûre qu'elle ne le fera pas.

ARGAN.

Je l'y forcerai bien.

TOINETTE.

Elle ne le fera pas, vous dis-je.

ARGAN.

Elle le fera, ou je la mettrai dans un couvent.

TOINETTE.

Vous ?

ARGAN.

Moi.

TOINETTE.

Bon !

ARGAN.

Comment, bon ?

TOINETTE.

Vous ne la mettrez point dans un couvent.

ARGAN.

Je ne la mettrai point dans un couvent ?

Toinette.

Non.

Argan.

Non ?

Toinette.

Non.

Argan.

Ouais ! Voici qui est plaisant ! Je ne mettrai pas ma fille dans un couvent, si je veux ?

Toinette.

Non, vous dis-je.

Argan.

Qui m'en empêchera ?

Toinette.

Vous-même.

Argan.

Moi ?

Toinette.

Oui. Vous n'aurez pas ce cœur-là.

Argan.

Je l'aurai.

Toinette.

Vous vous moquez.

Argan.

Je ne me moque point.

Toinette.

La tendresse paternelle vous prendra.

Argan.

Elle ne me prendra point.

Toinette.

Une petite larme ou deux, des bras jetés au cou, un Mon petit papa mignon, prononcé tendrement, sera assez pour vous toucher.

Argan.

Tout cela ne fera rien.

Toinette.

Oui, oui.

Argan.

Je vous dis que je n'en démordrai point.

Toinette.

Bagatelles.

Argan.

Il ne faut point dire, Bagatelles.

Toinette.

Mon Dieu ! je vous connois, vous êtes bon naturellement.

Argan, *avec emportement.*

Je ne suis point bon, et je suis méchant quand je veux[3].

Toinette.

Doucement, monsieur. Vous ne songez pas que vous êtes malade.

Argan.

Je lui commande absolument de se préparer à prendre le mari que je dis.

Toinette.

Et moi, je lui défends absolument d'en faire rien.

Argan.

Où est-ce donc que nous sommes ? et quelle audace est-ce là, à une coquine de servante, de parler de la sorte devant son maître ?

Toinette.

Quand un maître ne songe pas à ce qu'il fait, une servante bien sensée est en droit de le redresser.

Argan, *courant après Toinette.*

Ah ! insolente, il faut que je t'assomme.

Toinette, *évitant Argan, et mettant la chaise entre elle et lui.*

Il est de mon devoir de m'opposer aux choses qui vous peuvent déshonorer.

ARGAN, *courant après Toinette autour de la chaise avec son bâton.*

Viens, viens, que je t'apprenne à parler.

TOINETTE, *se sauvant du côté où n'est point Argan.*

Je m'intéresse, comme je dois, à ne vous point laisser faire de folie.

ARGAN, *de même.*

Chienne !

TOINETTE, *de même.*

Non, je ne consentirai jamais à ce mariage.

ARGAN, *de même.*

Pendarde !

TOINETTE, *de même.*

Je ne veux point qu'elle épouse votre Thomas Diafoirus.

ARGAN, *de même.*

Carogne !

TOINETTE, *de même.*

Et elle m'obéira plutôt qu'à vous.

ARGAN, *s'arrêtant.*

Angélique, tu ne veux pas m'arrêter cette coquine-là ?

ANGÉLIQUE.

Hé ! mon père, ne vous faites point malade.

ARGAN, *à Angélique.*

Si tu ne me l'arrêtes, je te donnerai ma malédiction.

TOINETTE, *en s'en allant.*

Et moi, je la déshériterai, si elle vous obéit.

ARGAN, *se jetant dans sa chaise.*

Ah ! ah ! je n'en puis plus. Voilà pour me faire mourir[4].

Scène VI.

BÉLINE, ARGAN.

ARGAN.

Ah ! ma femme, approchez.

Béline.

Qu'avez-vous, mon pauvre mari ?

Argan.

Venez-vous-en ici à mon secours.

Béline.

Qu'est-ce que c'est donc qu'il y a, mon petit fils ?

Argan.

Ma mie !

Béline.

Mon ami !

Argan.

On vient de me mettre en colère.

Béline.

Hélas ! pauvre petit mari ! Comment donc, mon ami ?

Argan.

Votre coquine de Toinette est devenue plus insolente que jamais.

Béline.

Ne vous passionnez donc point.

Argan.

Elle m'a fait enrager, ma mie.

Béline.

Doucement, mon fils.

Argan.

Elle a contrecarré, une heure durant, les choses que je veux faire.

Béline.

Là, là, tout doux !

Argan.

Et a eu l'effronterie de me dire que je ne suis point malade.

Béline.

C'est une impertinente.

ARGAN.

Vous savez, mon cœur, ce qui en est.

BÉLINE.

Oui, mon cœur ; elle a tort.

ARGAN.

M'amour, cette coquine-là me fera mourir.

BÉLINE.

Hé là, hé là !

ARGAN.

Elle est cause de toute la bile que je fais.

BÉLINE.

Ne vous fâchez point tant.

ARGAN.

Et il y a je ne sais combien que je vous dis de me la chasser.

Béline.

Mon Dieu ! mon fils, il n'y a point de serviteurs et de servantes qui n'aient leurs défauts. On est contraint parfois de souffrir leurs mauvaises qualités, à cause des bonnes. Celle-ci est adroite, soigneuse, diligente, et surtout fidèle ; et vous savez qu'il faut maintenant de grandes précautions pour les gens que l'on prend. Holà ! Toinette !

Scène VII.

ARGAN, BÉLINE, TOINETTE.

Toinette.

Madame.

Béline.

Pourquoi donc est-ce que vous mettez mon mari en colère ?

Toinette, *d'un ton doucereux.*

Moi, madame ? Hélas ! je ne sais pas ce que vous me voulez dire, et je ne songe qu'à complaire à monsieur en toutes choses.

Argan.

Ah ! la traîtresse !

Toinette.

Il nous a dit qu'il vouloit donner sa fille en mariage au fils de monsieur Diafoirus : je lui ai répondu que je trouvois le parti avantageux pour elle, mais que je croyois qu'il feroit mieux de la mettre dans un couvent.

Béline.

Il n'y a pas grand mal à cela, et je trouve qu'elle a raison.

Argan.

Ah ! m'amour, vous la croyez ? C'est une scélérate ; elle m'a dit cent insolences.

Béline.

Hé bien ! je vous crois, mon ami. Là, remettez-vous. Écoutez, Toinette : si vous fâchez jamais mon mari, je vous mettrai dehors. Çà, donnez-moi son manteau fourré et des oreillers, que je l'accommode dans sa chaise. Vous voilà je ne sais comment. Enfoncez bien votre bonnet jusque sur vos oreilles : il n'y a rien qui enrhume tant que de prendre l'air par les oreilles[5].

ARGAN.

Ah ! ma mie, que je vous suis obligé de tous les soins que vous prenez de moi !

BÉLINE, *accommodant les oreillers qu'elle met autour d'Argan.*

Levez-vous, que je mette ceci sous vous. Mettons celui-ci pour vous appuyer, et celui-là de l'autre côté. Mettons celui-ci derrière votre dos, et cet autre-là pour soutenir votre tête.

TOINETTE, *lui mettant rudement un oreiller sur la tête.*

Et celui-ci pour vous garder du serein.

ARGAN, *se levant en colère, et jetant tous ses oreillers à Toinette, qui s'enfuit.*

Ah ! coquine, tu veux m'étouffer !

Scène VIII.

ARGAN, BÉLINE.

BÉLINE.

Hé là, hé là ! Qu'est-ce que c'est donc ?

Argan, *se jetant dans sa chaise.*

Ah, ah, ah ! je n'en puis plus.

Béline.

Pourquoi vous emporter ainsi ? Elle a cru faire bien.

Argan.

Vous ne connoissez pas, m'amour, la malice de la pendarde. Ah ! elle m'a mis tout hors de moi ; et il faudra plus de huit médecines et de douze lavements pour réparer tout ceci.

Béline.

Là, là, mon petit ami, apaisez-vous un peu.

Argan.

Ma mie, vous êtes toute ma consolation.

Béline.

Pauvre petit fils !

Argan.

Pour tâcher de reconnoître l'amour que vous me portez, je veux, mon cœur, comme je vous ai dit, faire mon testament.

Béline.

Ah ! mon ami, ne parlons point de cela, je vous prie : je ne saurois souffrir cette pensée ; et le seul mot de testament me fait tressaillir de douleur.

Argan.

Je vous avois dit de parler pour cela à votre notaire.

Béline.

Le voilà là dedans, que j'ai amené avec moi.

Argan.

Faites-le donc entrer, m'amour.

Béline.

Hélas ! mon ami, quand on aime bien un mari, on n'est guère en état de songer à tout cela.

Scène IX.

MONSIEUR DE BONNEFOI, BÉLINE, ARGAN.

ARGAN.

Approchez, monsieur de Bonnefoi, approchez. Prenez un siège, s'il vous plaît. Ma femme m'a dit, monsieur, que vous étiez fort honnête homme, et tout à fait de ses amis ; et je l'ai chargée de vous parler pour un testament que je veux faire.

BÉLINE.

Hélas ! je ne suis point capable de parler de ces choses-là.

MONSIEUR DE BONNEFOI.

Elle m'a, monsieur, expliqué vos intentions, et le dessein où vous êtes pour elle ; et j'ai à vous dire là-dessus que vous ne sauriez rien donner à votre femme par votre testament.

ARGAN.

Mais pourquoi ?

MONSIEUR DE BONNEFOI.

La coutume y résiste. Si vous étiez en pays de droit écrit, cela se pourroit faire : mais, à Paris et dans les pays coutumiers, au moins dans la plupart, c'est ce qui ne se peut ; et la disposition seroit nulle. Tout l'avantage qu'homme et femme conjoints par mariage se peuvent faire l'un à l'autre, c'est un don mutuel entre vifs ; encore faut-il qu'il n'y ait enfants, soit des deux conjoints, ou de l'un d'eux, lors du décès du premier mourant[6].

Argan.

Voilà une coutume bien impertinente, qu'un mari ne puisse rien laisser à une femme dont il est aimé tendrement, et qui prend de lui tant de soin ! J'aurois envie de consulter mon avocat, pour voir comment je pourrois faire.

Monsieur De Bonnefoi.

Ce n'est point à des avocats qu'il faut aller, car ils sont d'ordinaire sévères là-dessus, et s'imaginent que c'est un grand crime que de disposer en fraude de la loi : ce sont gens de difficultés, et qui sont ignorants des détours de la conscience. Il y a d'autres personnes à consulter, qui sont bien plus accommodantes, qui ont des expédients pour passer doucement par-dessus la loi, et rendre juste ce qui n'est pas permis ; qui savent aplanir les difficultés d'une affaire et trouver des moyens d'éluder la coutume par quelque avantage indirect. Sans cela, où en serions-nous tous les jours ? Il faut de la facilité dans les choses ; autrement nous ne ferions rien, et je ne donnerois pas un sol de notre métier.

Argan.

Ma femme m'avoit bien dit, monsieur, que vous étiez fort habile et fort honnête homme. Comment puis-je faire, s'il vous plaît, pour lui donner mon bien et en frustrer mes enfants ?

Monsieur De Bonnefoi.

Comment vous pouvez faire ? Vous pouvez choisir doucement un ami intime de votre femme, auquel vous donnerez en bonne forme, par votre testament, tout ce que vous pouvez ; et cet ami ensuite lui rendra tout. Vous pouvez encore contracter un grand nombre d'obligations non suspectes au profit de divers créanciers qui prêteront leur nom à votre femme, et entre les mains de laquelle ils mettront leur déclaration que ce qu'ils en ont fait n'a été que pour lui faire plaisir. Vous pouvez aussi, pendant que vous êtes en vie, mettre entre ses mains de l'argent comptant, ou des billets que vous pourrez avoir payables au porteur.

Béline.

Mon Dieu ! il ne faut point vous tourmenter de tout cela. S'il vient faute de vous, mon fils, je ne veux plus rester au monde.

Argan.

Ma mie !

BÉLINE.

Oui, mon ami, si je suis assez malheureuse pour vous perdre…

ARGAN.

Ma chère femme !

BÉLINE.

La vie ne me sera plus de rien.

ARGAN.

M'amour !

BÉLINE.

Et je suivrai vos pas, pour vous faire connoître la tendresse que j'ai pour vous.

ARGAN.

Ma mie, vous me fendez le cœur ! Consolez-vous, je vous en prie.

MONSIEUR DE BONNEFOI, *à Béline.*

Ces larmes sont hors de saison ; et les choses n'en sont point encore là.

Béline.

Ah ! monsieur, vous ne savez pas ce que c'est qu'un mari qu'on aime tendrement.

Argan.

Tout le regret que j'aurai, si je meurs, ma mie, c'est de n'avoir point un enfant de vous. Monsieur Purgon m'avoit dit qu'il m'en feroit faire un.

Monsieur De Bonnefoi.

Cela pourra venir encore.

Argan.

Il faut faire mon testament, m'amour, de la façon que monsieur dit ; mais, par précaution, je veux vous mettre entre les mains vingt mille francs en or que j'ai dans le lambris de mon alcôve, et deux billets payables au porteur, qui me sont dus, l'un par monsieur Damon, et l'autre par monsieur Gérante.

Béline.

Non, non, je ne veux point de tout cela. Ah !… Combien dites-vous qu'il y a dans votre alcôve ?

Argan.

Vingt mille francs, m'amour.

Béline.

Ne me parlez point de bien, je vous prie. Ah !… De combien sont les deux billets ?

Argan.

Ils sont, ma mie, l'un de quatre mille francs, et l'autre de six.

Béline.

Tous les biens du monde, mon ami, ne me sont rien au prix de vous.

Monsieur De Bonnefoi.

Voulez-vous que nous procédions au testament ?

Argan.

Oui, monsieur ; mais nous serons mieux dans mon petit cabinet. M'amour, conduisez-moi, je vous prie.

Béline.

Allons, mon pauvre petit fils.

Scène X.

ANGÉLIQUE, TOINETTE.

Toinette.

Les voilà avec un notaire, et j'ai ouï parler de testament. Votre belle-mère ne s'endort point : et c'est sans doute quelque conspiration contre vos intérêts, où elle pousse votre père.

Angélique.

Qu'il dispose de son bien à sa fantaisie, pourvu qu'il ne dispose point de mon cœur. Tu vois, Toinette, les desseins violents que l'on fait sur lui. Ne m'abandonne point, je te prie, dans l'extrémité où je suis.

Toinette.

Moi, vous abandonner ! J'aimerois mieux mourir. Votre belle-mère a beau me faire sa confidente, et me vouloir jeter dans ses intérêts, je n'ai jamais pu avoir d'inclination pour elle ; et j'ai toujours été de votre parti. Laissez-moi faire ; j'emploierai toute chose pour vous servir ; mais, pour vous servir avec plus d'effet, je veux changer de batterie, couvrir le zèle que j'ai pour vous, et feindre d'entrer dans les sentiments de votre père et de votre belle-mère.

Angélique.

Tâche, je t'en conjure, de faire donner avis à Cléante du mariage qu'on a conclu.

Toinette.

Je n'ai personne à employer à cet office, que le vieux usurier Polichinelle, mon amant ; et il m'en coûtera pour cela quelques paroles de douceur, que je veux bien dépenser pour vous. Pour aujourd'hui, il est trop tard ; mais demain, de grand matin, je l'envoierai querir, et il sera ravi de…

Scène XI.

BÉLINE, dans la maison ; ANGÉLIQUE, TOINETTE.

Béline.

Toinette !

Toinette, *à Angélique*.

Voilà qu'on m'appelle. Bonsoir. Reposez-vous sur moi[Z].

PREMIER INTERMÈDE.

Le théâtre change, et représente une ville.

Polichinelle, dans la nuit, vient pour donner une sérénade à sa maîtresse. Il est interrompu d'abord par des violons contre lesquels il se met en colère, et ensuite par le guet, composé de musiciens et de danseurs.

POLICHINELLE, seul.

Ô amour, amour, amour, amour ! Pauvre Polichinelle, quelle diable de fantaisie t'es-tu allé mettre dans la cervelle ? À quoi t'amuses-tu, misérable insensé que tu es ? Tu quittes le soin de ton négoce, et tu laisses aller tes affaires à l'abandon ; tu ne manges plus, tu ne bois presque plus, tu perds le repos de la nuit ; et tout cela, pour qui ? Pour une dragonne, franche dragonne ; une diablesse qui te rembarre, et se moque de tout ce que tu peux lui dire. Mais il n'y a point à raisonner là-dessus. Tu le veux, amour : il faut être fou comme beaucoup d'autres. Cela n'est pas le mieux du monde à un homme de mon âge ; mais qu'y faire ? On n'est pas sage quand on veut ; et les vieilles cervelles se démontent comme les jeunes. Je viens voir si je ne pourrai point adoucir ma tigresse par une sérénade. Il n'y a rien parfois qui soit si touchant qu'un amant qui vient chanter ses doléances aux gonds et aux verrous de la porte de sa maîtresse. (Après avoir pris son luth.) Voici de quoi accompagner ma voix. Ô nuit ! ô chère nuit ! porte mes plaintes amoureuses jusque dans le lit de mon inflexible.

    Notte e dì v' amo e v' adoro[8].
    Cerco un sì per mio ristoro ;
    Ma se voi dite di nò,
    Bella ingrata, io morirò.

        Frà la speranza
        S' afflige il cuore,
        In lontananza
        Consuma l' hore ;
        Si dolce inganno
        Che mi figura
        Breve l' affanno,
        Ahi ! troppo dura.
Così per troppo amar languisco e muoro.

    Notte e dì v' amo e v' adoro.
    Cerco un sì per mio ristoro ;
    Ma se voi dite di nò,
    Bella ingrata, io moriro.

        Se non dormite,
        Almen pensate
        Alle ferite
        Ch' al cuor mi fate.
        Deh ! almen fingete,
        Per mio conforto,
        Se m' uccidete,
        D' haver il torto ;
Vostra pietà mi scemarà il martoro.

    Notte e dì v' amo e v' adoro.
    Cerco un sì per mio ristoro ;
    Ma se voi dite di nò,
    Bella ingrata, io morirò[9].

Scène II.

POLICHINELLE ; UNE VIEILLE, se présentant à la fenêtre, en répondant à Polichinelle pour se moquer de lui.

La Vieille *chante.*

Zerbinetti, ch' ogn' hor con finti sguardi,
 Mentiti desiri,
 Fallaci sospiri,
 Accenti buggiardi,
 Di fede vi pregiate,
 Ah ! che non m' ingannate.
 Che già so per prova,
 Ch' in voi non si trova
 Costanza nè fede.

Oh ! quanto è pazza colei che vi crede !

 Quei sguardi languidi
 Non m' innamorano,
 Quei sospir fervidi
 Più non m' infiammano,
  Vel giuro a fe.
 Zerbino misero,
 Del vostro piangere
 Il mio cuor libero
 Vuol sempre ridere ;
  Credete a me
 Che già so per prova,
 Ch' in voi non si trova
 Costanza nè fede.

Oh ! quanto è pazza colei che vi crede[10].

Scène III.

POLICHINELLE, VIOLONS, derrière le théâtre.

LES VIOLONS *commencent un air.*

POLICHINELLE.

Quelle impertinente harmonie vient interrompre ici ma voix !

LES VIOLONS *continuant à jouer.*

POLICHINELLE.

Paix là ! taisez-vous, violons. Laissez-moi me plaindre à mon aise des cruautés de mon inexorable.

LES VIOLONS, *de même.*

POLICHINELLE.

Taisez-vous, vous dis-je ; c'est moi qui veux chanter.

LES VIOLONS.

POLICHINELLE.

Paix donc !

LES VIOLONS.

POLICHINELLE.

Ouais !

LES VIOLONS.

POLICHINELLE.

Ahi !

LES VIOLONS.

POLICHINELLE.

Est-ce pour rire ?

LES VIOLONS.

POLICHINELLE.

Ah ! que de bruit !

LES VIOLONS.

POLICHINELLE.

Le diable vous emporte !

LES VIOLONS.

POLICHINELLE.

J'enrage !

LES VIOLONS.

POLICHINELLE.

Vous ne vous tairez pas ? Ah ! Dieu soit loué.

LES VIOLONS.

POLICHINELLE.

Encore ?

LES VIOLONS.

POLICHINELLE.

Peste des violons !

LES VIOLONS.

POLICHINELLE.

La sotte musique que voilà !

Les Violons.

Polichinelle, *chantant pour se moquer des violons.*

La, la, la, la, la, la.

Les Violons.

Polichinelle, *de même.*

La, la, la, la, la, la.

Les Violons.

Polichinelle, *de même.*

La, la, la, la, la, la.

Les Violons.

Polichinelle, *de même.*

La, la, la, la, la, la.

Les Violons.

Polichinelle, *de même.*

La, la, la, la, la, la.

Les Violons.

Polichinelle.

Par ma foi, cela me divertit. Poursuivez, messieurs les violons ; vous me ferez plaisir. (N'entendant plus rien.) Allons donc, continuez, je vous en prie.

Scène IV.

POLICHINELLE, seul.

Voilà le moyen de les faire taire. La musique est accoutumée à ne point faire ce qu'on veut[11]. Oh sus, à nous. Avant que de chanter, il faut que je prélude un peu, et joue quelque pièce, afin de mieux prendre mon ton. (Il prend son luth, dont il fait semblant de jouer, en imitant avec les lèvres et la langue le son de cet instrument.) Plan, plan, plan, plin, plin, plin. Voilà un temps fâcheux pour mettre un luth d'accord. Plin, plin, plin. Plin, tan, plan. Plin, plan. Les cordes ne tiennent point par ce temps-là. Plin, plin. J'entends du bruit. Mettons mon luth contre la porte.

Scène V.

POLICHINELLE ; ARCHERS, passant dans la rue, et accourant au bruit qu'ils entendent.

Un Archer, *chantant.*

Qui va là ? qui va là ?

Polichinelle, *bas.*

Qui diable est-ce là ? Est-ce que c'est la mode de parler en musique ?

L'archer.

Qui va là ? qui va là ? qui va là ?

Polichinelle, *épouvanté.*

Moi, moi, moi.

L'archer.

Qui va là ? qui va là ? vous dis-je.

Polichinelle.

Moi, moi, vous dis-je.

L'archer.

Et qui toi ? et qui toi ?

Polichinelle.

Moi, moi, moi, moi, moi, moi.

L'archer.

Dis ton nom, dis ton nom, sans davantage attendre.

Polichinelle, *feignant d'être bien hardi.*

Mon nom est Va te faire pendre.

L'archer.

Ici, camarades, ici.
Saisissons l'insolent qui nous répond ainsi.

PREMIÈRE ENTRÉE DE BALLET.

Tout le guet vient, qui cherche Polichinelle dans la nuit.

Violons Et Danseurs.

Polichinelle.

Qui va là ?

Violons Et Danseurs.

Polichinelle.

Qui sont les coquins que j'entends ?

Violons Et Danseurs.

Polichinelle.

Euh ?

Violons Et Danseurs.

Polichinelle.

Holà ! mes laquais, mes gens !

Violons Et Danseurs.

Polichinelle.

Par la mort !

Violons Et Danseurs.

Polichinelle.

Par le sang !

Violons Et Danseurs.

Polichinelle.

J'en jetterai par terre !

Violons Et Danseurs.

Polichinelle.

Champagne, Poitevin, Picard, Basque, Breton !

Violons Et Danseurs.

Polichinelle.

Donnez-moi mon mousqueton…

Violons Et Danseurs.

Polichinelle, *faisant semblant de tirer un coup de pistolet.*

Poue.

(Ils tombent tous, et s'enfuient.)

Scène VI.

POLICHINELLE, seul.

Ah, ah, ah, ah ! comme je leur ai donné l'épouvante ! Voilà de sottes gens, d'avoir peur de moi, qui ai peur des autres. Ma foi, il n'est que de jouer d'adresse en ce monde.

Si je n'avois tranché du grand seigneur et n'avois fait le brave, ils n'auroient pas manqué de me happer. Ah, ah, ah !

(Les archers se rapprochent, et, ayant entendu ce qu'il disoit, ils le saisissent au collet.)

Scène VII.

POLICHINELLE ; ARCHERS, chantants.

Les Archers, *saisissant Polichinelle.*

Nous le tenons. À nous, camarades, à nous !
  Dépêchez ; de la lumière.

(Tout le guet vient avec des lanternes.)

Scène VII.

POLICHINELLE ; ARCHERS, chantants et dansants.

Archers.

Ah ! traître ; ah ! fripon ! c'est donc vous ?
Faquin, maraud, pendard, impudent, téméraire,
Insolent, effronté, coquin, filou, voleur,
  Vous osez nous faire peur !

Polichinelle.

Messieurs, c'est que j'étois ivre.

Archers.

Non, non, non, point de raison ;
Il faut vous apprendre à vivre.
En prison, vite en prison.

Polichinelle.

Messieurs, je ne suis point voleur.

Archers.

En prison.

Polichinelle.

Je suis un bourgeois de la ville.

Archers.

En prison.

Polichinelle.

Qu'ai-je fait ?

Archers.

En prison, vite, en prison.

Polichinelle.

Messieurs, laissez-moi aller.

ARCHERS.

Non.

POLICHINELLE.

Je vous prie !

ARCHERS.

Non.

POLICHINELLE.

Hé !

ARCHERS.

Non.

POLICHINELLE.

De grace !

ARCHERS.

Non, non.

POLICHINELLE.

Messieurs !

Archers.

Non, non, non.

Polichinelle.

S'il vous plaît.

Archers.

Non, non.

Polichinelle.

Par charité !

Archers.

Non, non.

Polichinelle.

Au nom du ciel !

Archers.

Non, non.

Polichinelle.

Miséricorde !

ARCHERS.

Non, non, non, point de raison ;
Il faut vous apprendre à vivre.
En prison, vite en prison.

POLICHINELLE.

Hé ! n'est-il rien, messieurs, qui soit capable d'attendrir vos ames ?

ARCHERS.

Il est aisé de nous toucher ;
Et nous sommes humains, plus qu'on ne sauroit croire.
Donnez-nous seulement six pistoles pour boire
Nous allons vous lâcher.

POLICHINELLE.

Hélas ! messieurs, je vous assure que je n'ai pas un sol sur moi.

ARCHERS.

Au défaut de six pistoles,
Choisissez donc, sans façon,
D'avoir trente croquignoles,
Ou douze coups de bâton.

POLICHINELLE.

Si c'est une nécessité, et qu'il faille en passer par là, je choisis les croquignoles.

Archers.

Allons, préparez-vous,
Et comptez bien les coups.

DEUXIÈME ENTRÉE DE BALLET.
Les archers danseurs lui donnent des croquignoles en cadence.

Polichinelle, *pendant qu'on lui donne des croquignoles.*

Un et deux, trois et quatre, cinq et six, sept et huit, neuf et dix, onze et douze, et treize, et quatorze et quinze.

Archers.

Ah ! ah ! vous en voulez passer !
Allons, c'est à recommencer.

Polichinelle.

Ah ! messieurs, ma pauvre tête n'en peut plus, et vous venez de me la rendre comme une pomme cuite. J'aime mieux encore les coups de bâton que de recommencer.

Archers.

Soit, puisque le bâton est pour vous plus charmant,
Vous aurez contentement.

TROISIÈME ENTRÉE DE BALLET.
Les archers danseurs lui donnent des coups de bâton en cadence.

POLICHINELLE, *comptant les coups de bâton.*

Un, deux, trois, quatre, cinq, six. Ah, ah, ah ! je n'y saurois plus résister. Tenez, messieurs, voilà six pistoles que je vous donne.

ARCHERS.

Ah ! l'honnête homme ! Ah ! l'ame noble et belle !
Adieu, seigneur ; adieu, seigneur Polichinelle.

POLICHINELLE.

Messieurs, je vous donne le bonsoir.

ARCHERS.

Adieu, seigneur ; adieu, seigneur Polichinelle.

POLICHINELLE.

Votre serviteur.

ARCHERS.

Adieu, seigneur ; adieu, seigneur Polichinelle.

POLICHINELLE.

Très humble valet.

ARCHERS.

Adieu, seigneur ; adieu, seigneur Polichinelle.

POLICHINELLE.

Jusqu'au revoir[12].

QUATRIÈME ENTRÉE DE BALLET.

Ils dansent tous, en réjouissance de l'argent qu'ils ont reçu.

FIN DU PREMIER ACTE.

---

1. ↑ « Ah ! que j'en veux aux médecins ! Quelle forfanterie que leur art ! On me contoit hier cette comédie du *Malade imaginaire* que je n'ai point vue. Il étoit donc dans l'obéissance exacte de ces messieurs ; il comptoit tout : c'étoient 16 gouttes d'un élixir dans 13 cuillerées d'eau ; s'il y en eût 14, tout étoit perdu. Il prend une pilule, on lui a dit de se promener dans sa chambre ; mais il est en peine, et demeure tout court, parcequ'il a oublié si c'est en long ou en large ; cela me fit fort rire, et l'on applique cette folie à tout moment. »
Lettres de Mme de Sévigné, Paris, Blaise. 1820, in-8°, t. IV, p. 469.
2. ↑ Tout ce jeu de théâtre est emprunté au *Tartuffe*, acte II, scène II.   (Bret.)
3. ↑ Ce dialogue est presque copié mot à mot de la scène VI du premier acte des *Fourberies de Scapin*.
4. ↑ Cette scène rappelle la scène seconde de l'acte II du *Tarfuffe*. Toinette parle comme Dorine, Argan parle comme Orgon : c'est le même dialogue et la même situation, modifiés par de nouveaux caractères.   (Bret.)
5. ↑ Ce passage est imité d'Horace. Il y a dix-huit cents ans que ce grand poëte conseilloit à ceux qui veulent attraper des successions de tenir une

conduite à peu près semblable à celle de Béline :

« Obsequio grassare : mone, si increbruit aura,
Cautus uti velet carum caput, » etc.

« Obsédez par vos complaisances. Au plus léger souffle du vent, dites : Couvrez bien cette tête qui nous est si chère ! » (Horace, Satire v, livre II).

(Aimé Martin.)

6. ↑ M. de Bonnefoi rapporte ici, presque textuellement, les articles 280 et 282 de l'*ancienne Coutume de Paris*.
7. ↑ Dans un parallèle fort ingénieux entre *le Malade imaginaire* et *le Tartuffe* M. Petitot a indiqué, pour la première fois, plusieurs rapports entre la situation d'Argan et celle d'Orgon. Ces deux personnages sont égarés par leur faiblesse et leur crédulité ; tous deux ont une fille qui doit être sacrifiée ; tous deux sont contredits par une suivante qui exerce un grand empire dans la maison ; enfin tous deux sont mariés en secondes noces, et ont un frère honnête homme qui emploie divers moyens pour les ramener à la raison. La situation est donc absolument la même. Pour lui donner de la nouveauté, il a suffi à l'auteur de changer les passions des personnages, de peindre d'autres ridicules, et de créer d'autres caractères : c'est ce qu'il a fait d'une manière si heureuse, que jusqu'à ce jour la ressemblance des deux situations avoit échappé à tous les commentateurs. (Aimé Martin.)
8. ↑ Nuit et jour je vous aime et vous adore.
Je cherche un Oui qui me restaure ;
Mais si vous me répondez Non,
Belle ingrate, je mourrai

Dans l'espérance
Le cœur s'afflige,
Dans l'éloignement
Il consume ses heures.
L'erreur si douce
Qui me persuade
Que ma peine va finir,
Hélas ! dure trop
Ainsi, pour trop aimer, je languis et je meurs.

    Nuit et jour je vous aime et vous adore.
      Je cherche un Oui que me restaure ;
        Mais si vous me refusez,
    Belle ingrate, je mourrai.

      Si vous ne dormez pas,
        Au moins pensez
          Aux blessures
    Que vous faites à mon cœur.
      Ah ! feignez au moins,
    Pour ma consolation.
      Si vous me tuez,
        D'avoir tort ;
  Votre pitié adoucira mon martyre.
9. ↑ Nuit et jour je vous aime et vous adore.
    Je cherche un Oui que me restaure ;
      Mais si vous me refusez,
    Belle ingrate, je mourrai.   (L.B.)

Les couplets italiens de cette scène du premier intermède, et ceux de la seconde, ne se trouvent point dans le ballet du *Malade imaginaire* imprimé par Christophe Ballard en 1673.

Il paraît que Molière les a ajoutés après la première représentation de cette pièce.

10. ↑ Galants qui, à chaque moment, par des regards trompeurs,
        Des désirs menteurs,
      De faux soupirs,
      Des accents perfides,
    Vous vantez d'être fidèles,
        Ah ! vous ne me trompez pas !
      Je sais par expérience
        Qu'on ne trouve point en vous
     De constance ni de fidélité.

    Oh ! combien est folle celle qui vous croit !

> Ces regards languissants
> Ne m'inspirent point d'amour,
> Ces soupirs ardents
> Ne m'enflamment point,
> Je vous le jure sur ma foi.
> Malheureux galant !
> Mon cœur, insensible
> À votre plainte,
> Veut toujours rire :
> Croyez-m'en ;
> Je sais par expérience
> Qu'on ne trouve en vous
> Ni constance ni de fidélité.
>
> Oh ! combien est folle celle qui vous croit. (L. B.)

11. ↑
> « Omnibus hoc vitium est cantoribus, inter amicos
> Ut nunquam inducant animum cantare rogati ;
> Injussi nunquam desistant. » (Horace.)

12. ↑ Dans *Boniface* ou *le Pédant*, une demi-douzaine de voleurs rencontrent *Mamphurius*, et lui laissent le choix ou de venir en prison, ou de donner les écus qui restent dans sa gibecière, ou de recevoir dix férules avec une courroie, pour faire pénitence de ses fautes. Le pédant essaie un peu de chaque chose, et après avoir été bien étrillé, il finit par donner sa bourse. Cette petite scène a fourni à La Fontaine le sujet d'un conte charmant, et à Molière le sujet de son meilleur intermède. (Voyez *Boniface ou le Pédant*, de Bruno Nolano, acte V, scène XXVI, p. 225.)

(Aimé Martin.)

ACTE SECOND.

(Le théâtre représente la chambre d'Argan.)

―――――

Scène I.

CLÉANTE, TOINETTE.

Toinette, *ne reconnoissant pas Cléante.*

Que demandez-vous, monsieur ?

Cléante.

Ce que je demande ?

Toinette.

Ah ! ah ! c'est vous ! Quelle surprise ! Que venez-vous faire céans ?

Cléante.

Savoir ma destinée, parler à l'aimable Angélique, consulter les sentiments de son cœur, et lui demander ses résolutions sur ce mariage fatal dont on m'a averti.

Toinette.

Oui ; mais on ne parle pas comme cela de but en blanc à Angélique : il faut des mystères, et l'on vous a dit l'étroite garde où elle est retenue ; qu'on ne la laisse ni sortir, ni parler à personne ; et que ce ne fut que la curiosité d'une vieille tante qui nous fit accorder la liberté d'aller à cette comédie, qui donna lieu à la naissance de votre passion ; et nous nous sommes bien gardées de parler de cette aventure.

Cléante.

Aussi ne viens-je pas ici comme Cléante, et sous l'apparence de son amant ; mais comme ami de son maître de musique, dont j'ai obtenu le pouvoir de dire qu'il m'envoie à sa place.

Toinette.

Voici son père. Retirez-vous un peu, et me laissez lui dire que vous êtes là.

Scène II.

ARGAN, TOINETTE.

Argan, *se croyant seul, et sans voir Toinette.*

Monsieur Purgon m'a dit de me promener le matin, dans ma chambre, douze allées et douze venues ; mais j'ai oublié à lui demander si c'est en long ou en large.

Toinette.

Monsieur, voilà un…

Argan.

Parle bas, pendarde ! tu viens m'ébranler tout le cerveau, et tu ne songes pas qu'il ne faut point parler si haut à des malades.

Toinette.

Je voulois vous dire, monsieur…

Argan.

Parle bas, te dis-je.

Toinette.

Monsieur…

(Elle fait semblant de parler.)

Argan.

Hé ?

TOINETTE.

Je vous dis que…

(Elle fait encore semblant de parler.)

ARGAN.

Qu'est-ce que tu dis ?

TOINETTE, *haut.*

Je dis que voilà un homme qui veut parler à vous.

ARGAN.

Qu'il vienne.

(Toinette fait signe à Cléante d'avancer.)

Scène III.

ARGAN, CLÉANTE, TOINETTE.

CLÉANTE.

Monsieur…

TOINETTE, *à Cléante.*

Ne parlez pas si haut, de peur d'ébranler le cerveau de monsieur.

CLÉANTE.

Monsieur, je suis ravi de vous trouver debout, et de voir que vous vous portez mieux.

TOINETTE, *feignant d'être en colère.*

Comment ! qu'il se porte mieux ! cela est faux. Monsieur se porte toujours mal.

CLÉANTE.

J'ai ouï dire que monsieur étoit mieux ; et je lui trouve bon visage.

TOINETTE.

Que voulez-vous dire avec votre bon visage ? Monsieur l'a fort mauvais ; et ce sont des impertinents qui vous ont dit qu'il étoit mieux. Il ne s'est jamais si mal porté.

ARGAN.

Elle a raison.

TOINETTE.

Il marche, dort, mange et boit tout comme les autres ; mais cela n'empêche pas qu'il ne soit fort malade.

Argan.

Cela est vrai.

Cléante.

Monsieur, j'en suis au désespoir. Je viens de la part du maître à chanter de mademoiselle votre fille ; il s'est vu obligé d'aller à la campagne pour quelques jours ; et, comme son ami intime, il m'envoie à sa place pour lui continuer ses leçons, de peur qu'en les interrompant, elle ne vînt à oublier ce qu'elle sait déjà.

Argan.

Fort bien. (À Toinette.) Appelez Angélique.

Toinette.

Je crois, monsieur, qu'il sera mieux de mener monsieur à sa chambre.

Argan.

Non. Faites-la venir.

Toinette.

Il ne pourra lui donner leçon comme il faut, s'ils ne sont en particulier.

Argan.

Si fait, si fait.

Toinette.

Monsieur, cela ne fera que vous étourdir ; et il ne faut rien pour vous émouvoir en l'état où vous êtes, et vous ébranler le cerveau.

Argan.

Point, point : j'aime la musique ; et je serai bien aise de… Ah ! la voici. (À Toinette.) Allez-vous-en voir, vous, si ma femme est habillée.

Scène IV.

ARGAN, ANGÉLIQUE, CLÉANTE.

Argan.

Venez, ma fille. Votre maître de musique est allé aux champs ; et voilà une personne qu'il envoie à sa place pour vous montrer.

Angélique, *reconnoissant Cléante.*

Ah ciel !

Argan.

Qu'est-ce ? D'où vient cette surprise ?

Angélique.

C'est…

Argan.

Quoi ! qui vous émeut de la sorte ?

Angélique.

C'est, mon père, une aventure surprenante qui se rencontre ici.

Argan.

Comment ?

Angélique.

J'ai songé cette nuit que j'étois dans le plus grand embarras du monde, et qu'une personne, faite tout comme monsieur, s'est présentée à moi, à qui j'ai demandé secours, et qui m'est venue tirer de la peine où j'étois ; et ma surprise a été grande de voir inopinément, en arrivant ici, ce que j'ai eu dans l'idée toute la nuit.

Cléante.

Ce n'est pas être malheureux que d'occuper votre pensée, soit en dormant, soit en veillant ; et mon bonheur seroit grand sans doute, si vous étiez dans quelque peine dont vous me jugeassiez digne de vous tirer, et il n'y a rien que je ne fisse pour…

Scène V.

ARGAN, ANGÉLIQUE, CLÉANTE, TOINETTE.

Toinette, *à Argan.*

Ma foi, monsieur, je suis pour vous maintenant ; et je me dédis de tout ce que je disois hier. Voici monsieur Diafoirus le père et monsieur Diafoirus le fils, qui viennent vous rendre visite. Que vous serez bien engendré[1] ! Vous allez voir le garçon le mieux fait du monde, et le plus spirituel. Il n'a dit que deux mots, qui m'ont ravie ; et votre fille va être charmée de lui.

Argan, *à Cléante, qui feint de vouloir s'en aller.*

Ne vous en allez point, monsieur. C'est que je marie ma fille ; et voilà qu'on lui amène son prétendu mari, qu'elle n'a point encore vu.

Cléante.

C'est m'honorer beaucoup, monsieur, de vouloir que je sois témoin d'une entrevue si agréable.

Argan.

C'est le fils d'un habile médecin ; et le mariage se fera dans quatre jours.

Cléante.

Fort bien.

Argan.

Mandez-le un peu à son maître de musique, afin qu'il se trouve à la noce.

Cléante.

Je n'y manquerai pas.

Argan.

Je vous y prie aussi.

Cléante.

Vous me faites beaucoup d'honneur.

Argan.

Allons, qu'on se range : les voici.

Scène VI.

MONSIEUR DIAFOIRUS, THOMAS DIAFOIRUS, ARGAN, ANGÉLIQUE, CLÉANTE, TOINETTE, LAQUAIS.

Argan, *mettant la main à son bonnet, sans l'ôter.*

Monsieur Purgon, monsieur, m'a défendu de découvrir ma tête. Vous êtes du métier : vous savez les conséquences.

Monsieur Diafoirus.

Nous sommes dans toutes nos visites pour porter secours aux malades, et non pour leur porter de l'incommodité.

(Argan et monsieur Diafoirus parlent en même temps.)

Argan.

Je reçois, monsieur,

Monsieur Diafoirus.

Nous venons ici, monsieur,

Argan.

Avec beaucoup de joie,

Monsieur Diafoirus.

Mon fils Thomas et moi,

Argan.

L'honneur que vous me faites,

Monsieur Diafoirus.

Vous témoigner, monsieur,

Argan.

Et j'aurois souhaité…

Monsieur Diafoirus.

Le ravissement où nous sommes…

Argan.

De pouvoir aller chez vous…

Monsieur Diafoirus.

De la grace que vous nous faites…

Argan.

Pour vous en assurer.

Monsieur Diafoirus.

De vouloir bien nous recevoir…

Argan.

Mais vous savez, monsieur…

Monsieur Diafoirus.

Dans l'honneur, monsieur,

Argan.

Ce que c'est qu'un pauvre malade,

Monsieur Diafoirus.

De votre alliance ;

Argan.

Qui ne peut faire autre chose…

Monsieur Diafoirus.

Et vous assurer…

Argan.

Que de vous dire ici…

Monsieur Diafoirus.

Que, dans les choses qui dépendront de notre métier

Argan.

Qu'il cherchera toutes les occasions

Monsieur Diafoirus.

De même qu'en toute autre,

Argan.

De vous faire connoître, monsieur,

Monsieur Diafoirus.

Nous serons toujours prêts, monsieur,

Argan.

Qu'il est tout à votre service.

Monsieur Diafoirus.

À vous témoigner notre zèle. (À son fils.) Allons, Thomas, avancez. Faites vos compliments.

Thomas Diafoirus, *à monsieur Diafoirus*[2].

N'est-ce pas par le père qu'il convient de commencer ?

Monsieur Diafoirus.

Oui.

Thomas Diafoirus, *à Argan.*

Monsieur, je viens saluer, reconnoître, chérir et révérer en vous un second père, mais un second père auquel j'ose dire que je me trouve plus redevable qu'au premier. Le premier m'a engendré ; mais vous m'avez choisi. Il m'a reçu par nécessité ; mais vous m'avez accepté par grace[3]. Ce que je tiens de lui est un ouvrage de son corps ; mais ce que je tiens de vous est un ouvrage de votre volonté ; et, d'autant plus que les facultés spirituelles sont au-dessus des corporelles, d'autant plus je vous dois, et d'autant plus je tiens précieuse cette future filiation, dont je viens aujourd'hui vous rendre, par avance, les très humbles et très respectueux hommages.

Toinette.

Vivent les collèges d'où l'on sort si habile homme !

Thomas Diafoirus, *à Monsieur Diafoirus.*

Cela a-t-il bien été, mon père ?

Monsieur Diafoirus.

Optime.

Argan, *à Angélique.*

Allons, saluez monsieur.

Thomas Diafoirus, *à monsieur Diafoirus.*

Baiserai-je[4] ?

Monsieur Diafoirus.

Oui, oui.

Thomas Diafoirus, *à Angélique.*

Madame, c'est avec justice que le ciel vous a concédé le nom de belle-mère, puisque l'on…

Argan, *à Thomas Diafoirus.*

Ce n'est pas ma femme, c'est ma fille à qui vous parlez.

Thomas Diafoirus.

Où donc est-elle ?

Argan.

Elle va venir.

Thomas Diafoirus.

Attendrai-je, mon père, qu'elle soit venue ?

Monsieur Diafoirus.

Faites toujours le compliment de mademoiselle.

Thomas Diafoirus.

Mademoiselle, ne plus ne moins que la statue de Memnon rendoit un son harmonieux lorsqu'elle venoit à être éclairée des rayons du soleil, tout de même me sens-je animé d'un doux transport à l'apparition du soleil de vos beautés[5] ; et, comme les naturalistes remarquent que la fleur nommée héliotrope tourne sans cesse vers cet astre du jour, aussi mon cœur dores-en-avant tournera-t-il toujours vers les astres resplendissants de vos yeux adorables, ainsi que vers son pôle unique. Souffrez donc, mademoiselle, que j'appende aujourd'hui à l'autel de vos charmes l'offrande de ce cœur qui ne respire et n'ambitionne autre gloire que d'être toute sa vie, mademoiselle, votre très humble, très obéissant, et très fidèle serviteur et mari.

Toinette.

Voilà ce que c'est que d'étudier ! on apprend à dire de belles choses.

Argan, *à Cléante.*

Hé ! que dites-vous de cela ?

Cléante.

Que monsieur fait merveilles, et que, s'il est aussi bon médecin qu'il est bon orateur, il y aura plaisir à être de ses malades.

Toinette.

Assurément. Ce sera quelque chose d'admirable, s'il fait d'aussi belles cures qu'il fait de beaux discours.

Argan.

Allons, vite, ma chaise, et des sièges à tout le monde. (Des laquais donnent des sièges.) Mettez-vous là, ma fille. (À monsieur Diafoirus.) Vous voyez, monsieur, que tout le monde admire monsieur votre fils ; et je vous trouve bien heureux de vous voir un garçon comme cela.

Monsieur Diafoirus.

Monsieur, ce n'est pas parceque je suis son père ; mais je puis dire que j'ai sujet d'être content de lui, et que tous ceux qui le voient en parlent comme d'un garçon qui n'a point de méchanceté. Il n'a jamais eu l'imagination bien vive, ni ce feu d'esprit qu'on remarque dans quelques-uns ; mais c'est par là que j'ai toujours bien auguré de sa judiciaire, qualité requise pour l'exercice de notre art. Lorsqu'il étoit petit, il n'a jamais été ce qu'on appelle mièvre et éveillé. On le voyoit toujours doux, paisible et taciturne, ne disant jamais mot, et ne jouant jamais à tous ces petits jeux que l'on nomme enfantins. On eut toutes les peines du monde à lui apprendre à lire ; et il avoit neuf ans, qu'il ne connoissoit pas encore ses lettres. Bon, disois-je en moi-même : les arbres tardifs sont ceux qui portent les meilleurs fruits. On grave sur le marbre bien plus malaisément que sur le sable ; mais les choses y sont conservées bien plus longtemps ; et cette lenteur à comprendre, cette pesanteur d'imagination, est la marque d'un bon jugement à venir. Lorsque je l'envoyai au collège, il trouva de la peine ; mais il se roidissoit contre les difficultés ; et ses régents se louoient toujours à moi de son assiduité et de son travail. Enfin, à force de battre le fer, il en est venu glorieusement à avoir ses licences ; et je puis dire, sans vanité, que, depuis deux ans qu'il est sur les bancs, il n'y a point de candidat qui ait fait plus de bruit que lui dans toutes les disputes de notre école. Il s'y est rendu redoutable ; et il ne s'y passe point d'acte où il n'aille argumenter à outrance pour la proposition contraire. Il est ferme dans la dispute, fort comme un Turc sur ses principes, ne démord jamais de son opinion, et poursuit un raisonnement jusque dans les derniers recoins de la logique. Mais, sur toute chose, ce qui me plaît en lui, et en quoi il suit mon exemple, c'est qu'il s'attache aveuglément aux opinions de nos anciens, et que jamais il n'a voulu comprendre ni écouter les raisons et les expériences des prétendues découvertes de notre siècle, touchant la circulation du sang, et autres opinions de même farine.

THOMAS DIAFOIRUS, *tirant de sa poche une grande thèse roulée, qu'il présente à Angélique.*

J'ai, contre les circulateurs, soutenu une thèse, qu'avec la permission (saluant Argan) de monsieur, j'ose présenter à mademoiselle, comme un hommage que je lui dois des prémices de mon esprit.

ANGÉLIQUE.

Monsieur, c'est pour moi un meuble inutile, et je ne me connois pas à ces choses-là.

TOINETTE, *prenant la thèse.*

Donnez, donnez. Elle est toujours bonne à prendre pour l'image : cela servira à parer notre chambre.

Thomas Diafoirus, *saluant encore Argan.*

Avec la permission aussi de monsieur, je vous invite à venir voir, l'un de ces jours, pour vous divertir, la dissection d'une femme, sur quoi je dois raisonner[6].

Toinette.

Le divertissement sera agréable. Il y en a qui donnent la comédie à leurs maîtresses ; mais donner une dissection est quelque chose de plus galant.

Monsieur Diafoirus.

Au reste, pour ce qui est des qualités requises pour le mariage et la propagation, je vous assure que, selon les règles de nos docteurs, il est tel qu'on le peut souhaiter ; qu'il possède en un degré louable la vertu prolifique, et qu'il est du tempérament qu'il faut pour engendrer et procréer des enfants bien conditionnés.

Argan.

N'est-ce pas votre intention, monsieur, de le pousser à la cour, et d'y ménager pour lui une charge de médecin ?

Monsieur Diafoirus.

À vous en parler franchement, notre métier auprès des grands ne m'a jamais paru agréable ; et j'ai toujours trouvé qu'il valoit mieux pour nous autres demeurer au public. Le public est commode. Vous n'avez à répondre de vos actions à personne ; et, pourvu que l'on suive le courant des règles de l'art, on ne se met point en peine de tout ce qui peut arriver. Mais ce qu'il y a de fâcheux auprès des grands, c'est que, quand ils viennent à être malades, ils veulent absolument que leurs médecins les guérissent.

Toinette.

Cela est plaisant ! et ils sont bien impertinents de vouloir que, vous autres messieurs, vous les guérissiez. Vous n'êtes point auprès d'eux pour cela ; vous n'y êtes que pour recevoir vos pensions et leur ordonner des remèdes ; c'est à eux à guérir s'ils peuvent.

Monsieur Diafoirus.

Cela est vrai. On n'est obligé qu'à traiter les gens dans les formes.

Argan, *à Cléante.*

Monsieur, faites un peu chanter ma fille devant la compagnie.

Cléante.

J'attendois vos ordres, monsieur ; et il m'est venu en pensée, pour divertir la compagnie, de chanter avec mademoiselle une scène d'un petit opéra qu'on a fait depuis peu. (À Angélique, lui donnant un papier.) Tenez, voilà votre partie.

ANGÉLIQUE.

Moi ?

CLÉANTE, *bas, à Angélique.*

Ne vous défendez point, s'il vous plaît, et me laissez vous faire comprendre ce que c'est que la scène que nous devons chanter. (Haut.) Je n'ai pas une voix à chanter ; mais ici il suffit que je me fasse entendre ; et l'on aura la bonté de m'excuser, par la nécessité où je me trouve de faire chanter mademoiselle[Z].

ARGAN.

Les vers en sont-ils beaux ?

CLÉANTE.

C'est proprement ici un petit opéra impromptu ; et vous n'allez entendre chanter que de la prose cadencée, ou des manières de vers libres, tels que la passion et la nécessité peuvent faire trouver à deux personnes qui disent les choses d'eux-mêmes, et parlent sur-le-champ.

ARGAN.

Fort bien. Écoutons.

Cléante.

Voici le sujet de la scène. Un berger étoit attentif aux beautés d'un spectacle qui ne faisoit que de commencer, lorsqu'il fut tiré de son attention par un bruit qu'il entendit à ses côtés. Il se retourne, et voit un brutal qui, de paroles insolentes, maltraitoit une bergère. D'abord il prend les intérêts d'un sexe à qui tous les hommes doivent hommage ; et, après avoir donné au brutal le châtiment de son insolence, il vient à la bergère, et voit une jeune personne qui, des deux plus beaux yeux qu'il eût jamais vus, versoit des larmes qu'il trouva les plus belles du monde. Hélas ! dit-il en lui-même, est-on capable d'outrager une personne si aimable ! Et quel inhumain, quel barbare ne seroit touché par de telles larmes ? Il prend soin de les arrêter, ces larmes qu'il trouve si belles ; et l'aimable bergère prend soin, en même temps, de le remercier de son léger service, mais d'une manière si charmante, si tendre et si passionnée, que le berger n'y peut résister ; et chaque mot, chaque regard, est un trait plein de flamme dont son cœur se sent pénétré. Est-il, disoit-il, quelque chose qui puisse mériter les aimables paroles d'un tel remercîment ? Et que ne voudroit-on pas faire, à quels services, à quels dangers ne seroit-on pas ravi de courir, pour s'attirer un seul moment, des touchantes douceurs d'une ame si reconnoissante ? Tout le spectacle passe sans qu'il y donne aucune attention ; mais il se plaint qu'il est trop court, parcequ'en finissant il le sépare de son adorable bergère ; et, de cette première vue, de ce premier moment, il emporte chez lui tout ce qu'un amour de plusieurs années peut avoir de plus violent. Le voilà aussitôt à sentir tous les maux de l'absence, et il est tourmenté de ne plus voir ce qu'il a si peu vu. Il fait tout ce qu'il peut pour se redonner cette vue, dont il conserve nuit et jour une si chère idée ; mais la grande contrainte où l'on tient sa bergère lui en ôte tous les moyens. La violence de sa passion le fait résoudre à demander en mariage l'adorable beauté sans laquelle il ne peut plus vivre ; et il en obtient d'elle la permission, par un billet qu'il a l'adresse de lui faire tenir. Mais, dans le même temps, on l'avertit que le père de cette belle a conclu son mariage avec un autre, et que tout se dispose pour en célébrer la cérémonie. Jugez quelle atteinte cruelle au cœur de ce triste berger ! Le voilà accablé d'une mortelle douleur ; il ne peut souffrir l'effroyable idée de voir tout ce qu'il aime entre les bras d'un autre ; et son amour, au désespoir, lui fait trouver moyen de s'introduire dans la maison de sa bergère pour apprendre ses sentiments, et savoir d'elle la destinée à laquelle il doit se résoudre. Il y rencontre les apprêts de tout ce qu'il craint ; il y voit venir l'indigne rival que le caprice d'un père oppose aux tendresses de son amour ; il le voit triomphant, ce rival ridicule, auprès de l'aimable bergère, ainsi qu'auprès d'une conquête qui lui est assurée ; et cette vue le remplit d'une colère dont il a peine à se rendre le maître. Il jette de douloureux regards sur celle qu'il adore ; et son respect et la présence de son père l'empêchent de lui rien dire que des yeux. Mais enfin il force toute contrainte, et le transport de son amour l'oblige à lui parler ainsi :

(Il chante.)

Belle Philis, c'est trop, c'est trop souffrir ;
Rompons ce dur silence, et m'ouvrez vos pensées.
   Apprenez-moi ma destinée :
   Faut-il vivre ? Faut-il mourir ?

ANGÉLIQUE, *en chantant.*

Vous me voyez, Tircis, triste et mélancolique,
Aux apprêts de l'hymen dont vous vous alarmez :
Je lève au ciel les yeux, je vous regarde, je soupire :
   C'est vous en dire assez.

ARGAN.

Ouais ! je ne croyois pas que ma fille fût si habile, que de chanter ainsi à livre ouvert, sans hésiter.

CLÉANTE.

   Hélas ! belle Philis,
  Se pourroit-il que l'amoureux Tircis
    Eût assez de bonheur
  Pour avoir quelque place dans votre cœur ?

ANGÉLIQUE.

Je ne m'en défends point dans cette peine extrême :
Oui, Tircis, je vous aime.

CLÉANTE.

Ô parole pleine d'appas !
Ai-je bien entendu ? Hélas !
Redites-la, Philis ; que je n'en doute pas.

ANGÉLIQUE.

Oui, Tircis, je vous aime.

CLÉANTE.

De grace, encor, Philis !

ANGÉLIQUE.

Je vous aime.

CLÉANTE.

Recommencez cent fois ; ne vous en lassez pas.

ANGÉLIQUE.

Je vous aime, je vous aime ;
Oui, Tircis, je vous aime.

Cléante.

Dieux, rois, qui sous vos pieds regardez tout le monde,
Pouvez-vous comparer votre bonheur au mien ?
    Mais, Philis, une pensée
      Vient troubler ce doux transport.
        Un rival, un rival…

Angélique.

  Ah ! je le hais plus que la mort ;
  Et sa présence, ainsi qu'à vous,
    M'est un cruel supplice.

Cléante.

Mais un père à ses vœux vous veut assujettir.

Angélique.

  Plutôt, plutôt mourir,
  Que de jamais y consentir ;
Plutôt, plutôt mourir, plutôt mourir !

Argan.

Et que dit le père à tout cela ?

Cléante.

Il ne dit rien.

Argan.

Voilà un sot père que ce père-là, de souffrir toutes ces sottises-là sans rien dire !

Cléante, *voulant continuer à chanter.*

Ah ! mon amour…

Argan.

Non, non ; en voilà assez. Cette comédie-là est de fort mauvais exemple. Le berger Tircis est un impertinent, et la bergère Philis une impudente de parler de la sorte devant son père. (À Angélique.) Montrez-moi ce papier. Ah ! ah ! où sont donc les paroles que vous avez dites ? Il n'y a là que de la musique écrite.

Cléante.

Est-ce que vous ne savez pas, monsieur, qu'on a trouvé, depuis peu, l'invention d'écrire les paroles avec les notes mêmes ?

Argan.

Fort bien. Je suis votre serviteur, monsieur ; jusqu'au revoir. Nous nous serions bien passés de votre impertinent d'opéra.

Cléante.

J'ai cru vous divertir.

Argan.

Les sottises ne divertissent point. Ah ! voici ma femme.

Scène VII.

BÉLINE, ARGAN, ANGÉLIQUE, MONSIEUR DIAFOIRUS, THOMAS DIAFOIRUS, TOINETTE.

Argan.

M'amour, voilà le fils de monsieur Diafoirus.

Thomas Diafoirus.

Madame, c'est avec justice que le ciel vous a concédé le nom de belle-mère, puisque l'on voit sur votre visage…

Béline.

Monsieur, je suis ravie d'être venue ici à propos, pour avoir l'honneur de vous voir.

Thomas Diafoirus.

Puisque l'on voit sur votre visage… puisque l'on voit sur votre visage… Madame, vous m'avez interrompu dans le milieu de ma période, et cela m'a troublé la mémoire.

Monsieur Diafoirus.

Thomas, réservez cela pour une autre fois.

Argan.

Je voudrois, ma mie, que vous eussiez été ici tantôt.

Toinette.

Ah ! madame, vous avez bien perdu de n'avoir point été au second père, à la statue de Memnon, et à la fleur nommée héliotrope.

Argan.

Allons, ma fille, touchez dans la main de monsieur, et lui donnez votre foi, comme à votre mari.

Angélique.

Mon père !

Argan.

Hé bien ! mon père ! Qu'est-ce que cela veut dire ?

Angélique.

De grace, ne précipitez pas les choses. Donnez-nous au moins le temps de nous connoître, et de voir naître en nous, l'un pour l'autre, cette inclination si nécessaire à composer une union parfaite.

Thomas Diafoirus.

Quant à moi, mademoiselle, elle est déjà toute née en moi ; et je n'ai pas besoin d'attendre davantage.

Angélique.

Si vous êtes si prompt, monsieur, il n'en est pas de même de moi ; et je vous avoue que votre mérite n'a pas encore assez fait d'impression dans mon ame.

Argan.

Oh ! bien, bien ; cela aura tout le loisir de se faire quand vous serez mariés ensemble.

Angélique.

Hé ! mon père, donnez-moi du temps, je vous prie. Le mariage est une chaîne où l'on ne doit jamais soumettre un cœur par force ; et, si monsieur est honnête homme, il ne doit point vouloir accepter une personne qui seroit à lui par contrainte.

Thomas Diafoirus.

Nego consequentiam, mademoiselle ; et je puis être honnête homme, et vouloir bien vous accepter des mains de monsieur votre père.

Angélique.

C'est un méchant moyen de se faire aimer de quelqu'un, que de lui faire violence.

Thomas Diafoirus.

Nous lisons des anciens, mademoiselle, que leur coutume étoit d'enlever par force, de la maison des pères, les filles qu'on menoit marier, afin qu'il ne semblât pas que ce fût de leur consentement qu'elles convoloient dans les bras d'un homme.

Angélique.

Les anciens, monsieur, sont les anciens ; et nous sommes les gens de maintenant. Les grimaces ne sont point nécessaires dans notre siècle ; et, quand un mariage nous plaît, nous savons fort bien y aller, sans qu'on nous y traîne. Donnez-vous patience ; si vous m'aimez, monsieur, vous devez vouloir tout ce que je veux.

Thomas Diafoirus.

Oui, mademoiselle, jusqu'aux intérêts de mon amour exclusivement.

Angélique.

Mais la grande marque d'amour, c'est d'être soumis aux volontés de celle qu'on aime.

Thomas Diafoirus.

Distinguo, mademoiselle. Dans ce qui ne regarde point sa possession, *concedo* ; mais dans ce qui la regarde, *nego*.

Toinette, *à Angélique.*

Vous avez beau raisonner. Monsieur est frais émoulu du collège ; et il vous donnera toujours votre reste. Pourquoi tant résister, et refuser la gloire d'être attachée au corps de la Faculté ?

Béline.

Elle a peut-être quelque inclination en tête.

Angélique.

Si j'en avois, madame, elle seroit telle que la raison et l'honnêteté pourroient me la permettre.

Argan.

Ouais ! je joue ici un plaisant personnage !

Béline.

Si j'étois que de vous, mon fils, je ne la forcerois point à se marier ; et je sais bien ce que je ferois.

Angélique.

Je sais, madame, ce que vous voulez dire, et les bontés que vous avez pour moi ; mais peut-être que vos conseils ne seront pas assez heureux pour être exécutés.

Béline.

C'est que les filles bien sages et bien honnêtes, comme vous, se moquent d'être obéissantes et soumises aux volontés de leurs pères. Cela étoit bon autrefois.

Angélique.

Le devoir d'une fille a des bornes, madame ; et la raison et les lois ne l'étendent point à toutes sortes de choses.

Béline.

C'est-à-dire que vos pensées ne sont que pour le mariage ; mais vous voulez choisir un époux à votre fantaisie.

Angélique.

Si mon père ne veut pas me donner un mari qui me plaise, je le conjurerai, au moins, de ne me point forcer à en épouser un que je ne puisse pas aimer.

Argan.

Messieurs, je vous demande pardon de tout ceci.

Angélique.

Chacun a son but en se mariant. Pour moi, qui ne veux un mari que pour l'aimer véritablement, et qui prétends en faire tout l'attachement de ma vie, je vous avoue que j'y cherche quelque précaution. Il y en a d'aucunes qui prennent des maris seulement pour se tirer de la contrainte de leurs parents, et se mettre en état de faire tout ce qu'elles voudront. Il y en a d'autres, madame, qui font du mariage un commerce de pur intérêt ; qui ne se marient que pour gagner des douaires, que pour s'enrichir par la mort de ceux qu'elles épousent, et courent sans scrupules de mari en mari, pour s'approprier leurs dépouilles. Ces personnes-là, à la vérité, n'y cherchent pas tant de façons, et regardent peu à la personne.

Béline.

Je vous trouve aujourd'hui bien raisonnante, et je voudrois bien savoir ce que vous voulez dire par là.

Angélique.

Moi, madame ? Que voudrois-je dire que ce que je dis ?

Béline.

Vous êtes si sotte, ma mie, qu'on ne sauroit plus vous souffrir.

Angélique.

Vous voudriez bien, madame, m'obliger à vous répondre quelque impertinence ; mais je vous avertis que vous n'aurez pas cet avantage.

Béline.

Il n'est rien d'égal à votre insolence.

Angélique.

Non, madame, vous avez beau dire.

Béline.

Et vous avez un ridicule orgueil, une impertinente présomption qui fait hausser les épaules à tout le monde.

Angélique.

Tout cela, madame, ne servira de rien. Je serai sage en dépit de vous ; et, pour vous ôter l'espérance de pouvoir réussir dans ce que vous voulez, je vais m'ôter de votre vue.

Scène VIII.

ARGAN, BÉLINE, MONSIEUR DIAFOIRUS, THOMAS DIAFOIRUS, TOINETTE.

Argan, *à Angélique, qui sort.*

Écoute. Il n'y a point de milieu à cela : choisis d'épouser dans quatre jours ou monsieur, ou un couvent. (À Béline.) Ne vous mettez pas en peine : je la rangerai bien.

Béline.

Je suis fâchée de vous quitter, mon fils ; mais j'ai une affaire en ville, dont je ne puis me dispenser. Je reviendrai bientôt.

Argan.

Allez, m'amour ; et passez chez votre notaire, afin qu'il expédie ce que vous savez.

Béline.

Adieu, mon petit ami.

Argan.

Adieu, ma mie.

Scène IX.

ARGAN, MONSIEUR DIAFOIRUS, THOMAS DIAFOIRUS, TOINETTE.

Argan.

Voilà une femme qui m'aime… cela n'est pas croyable.

Monsieur Diafoirus.

Nous allons, monsieur, prendre congé de vous.

Argan.

Je vous prie, monsieur, de me dire un peu comment je suis.

Monsieur Diafoirus, *tâtant le pouls d'Argan.*

Allons, Thomas, prenez l'autre bras de monsieur, pour voir si vous saurez porter un bon jugement de son pouls. *Quid dicis ?*

Thomas Diafoirus.

Dico que le pouls de monsieur est le pouls d'un homme qui ne se porte point bien.

Monsieur Diafoirus.

Bon.

Thomas Diafoirus.

Qu'il est duriuscule, pour ne pas dire dur.

Monsieur Diafoirus.

Fort bien.

Thomas Diafoirus.

Repoussant.

Monsieur Diafoirus.

Bene.

Thomas Diafoirus.

Et même un peu caprisant.

Monsieur Diafoirus.

Optime.

THOMAS DIAFOIRUS.

Ce qui marque une intempérie dans le *parenchyme splénique*, c'est-à-dire la rate.

MONSIEUR DIAFOIRUS.

Fort bien.

ARGAN.

Non : monsieur Purgon dit que c'est mon foie qui est malade.

MONSIEUR DIAFOIRUS.

Eh oui : qui dit *parenchyme* dit l'un et l'autre, à cause de l'étroite sympathie qu'ils ont ensemble par le moyen du *vas breve*, du *pylore*, et souvent des *méats cholidoques*. Il vous ordonne sans doute de manger force rôti.

ARGAN.

Non ; rien que du bouilli.

MONSIEUR DIAFOIRUS.

Eh oui : rôti, bouilli, même chose. Il vous ordonne fort prudemment, et vous ne pouvez être entre de meilleures mains.

ARGAN.

Monsieur, combien est-ce qu'il faut mettre de grains de sel dans un œuf ?

MONSIEUR DIAFOIRUS.

Six, huit, dix, par les nombres pairs, comme dans les médicaments, par les nombres impairs.

ARGAN.

Jusqu'au revoir, monsieur.

Scène X.

BÉLINE, ARGAN.

BÉLINE.

Je viens, mon fils, avant que de sortir, vous donner avis d'une chose, à laquelle il faut que vous preniez garde. En passant par devant la chambre d'Angélique, j'ai vu un jeune homme avec elle qui s'est sauvé d'abord qu'il m'a vue.

ARGAN.

Un jeune homme avec ma fille !

Béline.

Oui. Votre petite fille Louison étoit avec eux, qui pourra vous en dire des nouvelles.

Argan.

Envoyez-la ici, m'amour, envoyez-la ici. Ah ! l'effrontée ! (Seul.) Je ne m'étonne plus de sa résistance.

Scène XI.

ARGAN, LOUISON.

Louison.

Qu'est-ce que vous voulez, mon papa ? ma belle-maman m'a dit que vous me demandez.

Argan.

Oui. Venez çà. Avancez là. Tournez-vous. Levez les yeux. Regardez-moi. Hé ?

Louison.

Quoi, mon papa ?

Argan.

Là.

Louison.

Quoi ?

Argan.

N'avez-vous rien à me dire ?

Louison.

Je vous dirai, si vous voulez, pour vous désennuyer, le conte de *Peau d'Âne,* ou bien la fable du *Corbeau et du Renard,* qu'on m'a apprise depuis peu[8].

Argan.

Ce n'est pas là ce que je demande.

Louison.

Quoi donc ?

Argan.

Ah ! rusée, vous savez bien ce que je veux dire !

Louison.

Pardonnez-moi, mon papa.

Argan.

Est-ce là comme vous m'obéissez ?

Louison.

Quoi ?

Argan.

Ne vous ai-je pas recommandé de me venir dire d'abord tout ce que vous voyez ?

Louison.

Oui, mon papa.

Argan.

L'avez-vous fait ?

Louison.

Oui, mon papa. Je vous suis venue dire tout ce que j'ai vu.

Argan.

Et n'avez-vous rien vu aujourd'hui ?

Louison.

Non, mon papa.

Argan.

Non ?

Louison.

Non, mon papa.

Argan.

Assurément ?

Louison.

Assurément.

Argan.

Oh çà, je m'en vais vous faire voir quelque chose, moi.

Louison, *voyant une poignée de verges qu'Argan a été prendre.*

Ah ! mon papa !

Argan.

Ah ! ah ! petite masque, vous ne me dites pas que vous avez vu un homme dans la chambre de votre sœur !

LOUISON, *pleurant.*

Mon papa !

ARGAN, *prenant Louison par le bras.*

Voici qui vous apprendra à mentir.

LOUISON, *se jetant à genoux.*

Ah ! mon papa, je vous demande pardon. C'est que ma sœur m'avoit dit de ne pas vous le dire ; mais je m'en vais vous dire tout.

ARGAN.

Il faut premièrement que vous ayez le fouet pour avoir menti. Puis après nous verrons au reste.

LOUISON.

Pardon, mon papa.

ARGAN.

Non, non.

Louison.

Mon pauvre papa, ne me donnez pas le fouet.

Argan.

Vous l'aurez.

Louison.

Au nom de Dieu, mon papa, que je ne l'aie pas !

Argan, *voulant la fouetter.*

Allons, allons.

Louison.

Ah ! mon papa, vous m'avez blessée. Attendez : je suis morte.

(Elle contrefait la morte.)

Argan.

Holà ! Qu'est-ce là ? Louison, Louison ! Ah ! mon Dieu ! Louison ! Ah ! ma fille ! Ah ! malheureux ! ma pauvre fille est morte ! Qu'ai-je fait, misérable ! Ah ! chiennes de verges ! La peste soit des verges ! Ah ! ma pauvre fille, ma pauvre petite Louison !

Louison.

Là, là, mon papa, ne pleurez point tant : je ne suis pas morte tout à fait.

Argan.

Voyez-vous la petite rusée ? Oh çà, çà, je vous pardonne pour cette fois-ci, pourvu que vous me disiez bien tout.

Louison.

Oh ! oui, mon papa.

Argan.

Prenez-y bien garde, au moins ; car voilà un petit doigt qui sait tout, et qui me dira si vous mentez.

Louison.

Mais, mon papa, ne dites pas à ma sœur que je vous l'ai dit.

Argan.

Non, non.

Louison, *après avoir écouté si personne n'écoute.*

C'est, mon papa, qu'il est venu un homme dans la chambre de ma sœur comme j'y étois.

Argan.

Hé bien ?

Louison.

Je lui ai demandé ce qu'il demandoit, et il m'a dit qu'il étoit son maître à chanter.

Argan, *à part.*

Hom ! hom ! voilà l'affaire. (À Louison.) Hé bien ?

Louison.

Ma sœur est venue après.

Argan.

Hé bien ?

Louison.

Elle lui a dit : Sortez, sortez, sortez. Mon Dieu, sortez ; vous me mettez au désespoir.

Argan.

Hé bien ?

Louison.

Et lui, il ne vouloit pas sortir.

Argan.

Qu'est-ce qu'il lui disoit ?

Louison.

Il lui disoit je ne sais combien de choses.

Argan.

Et quoi encore ?

Louison.

Il lui disoit tout-ci, tout-ça, qu'il l'aimoit bien, et qu'elle étoit la plus belle du monde.

Argan.

Et puis après ?

Louison.

Et puis après, il se mettoit à genoux devant elle.

Argan.

Et puis après ?

Louison.

Et puis après, il lui baisoit les mains.

Argan.

Et puis après ?

Louison.

Et puis après, ma belle-maman est venue à la porte, et il s'est enfui.

Argan.

Il n'y a point autre chose ?

Louison.

Non, mon papa.

Argan.

Voilà mon petit doigt pourtant qui gronde quelque chose. (Mettant son doigt à son oreille.) Attendez. Hé ! Ah, ah ! Oui ? Oh, oh ! Voilà mon petit doigt qui me dit quelque chose que vous avez vu, et que vous ne m'avez pas dit.

Louison.

Ah ! mon papa, votre petit doigt est un menteur.

Argan.

Prenez garde.

Louison.

Non, mon papa ; ne le croyez pas : il ment, je vous assure.

Argan.

Oh bien, bien, nous verrons cela. Allez-vous-en, et prenez bien garde à tout : allez. (Seul.) Ah ! il n'y a plus d'enfants ! Ah ! que d'affaires ! Je n'ai pas seulement le loisir de songer à ma maladie. En vérité, je n'en puis plus.

(Il se laisse tomber dans une chaise.)

Scène XII.

BÉRALDE, ARGAN

Béralde.

Hé bien, mon frère ! qu'est-ce ? Comment vous portez-vous ?

Argan.

Ah ! mon frère, fort mal.

Béralde.

Comment ! fort mal ?

Argan.

Oui, je suis dans une foiblesse si grande, que cela n'est pas croyable.

Béralde.

Voilà qui est fâcheux.

Argan.

Je n'ai pas seulement la force de pouvoir parler.

Béralde.

J'étois venu ici, mon frère, vous proposer un parti pour ma nièce Angélique.

Argan, *parlant avec emportement, et se levant de sa chaise.*

Mon frère, ne me parlez point de cette coquine-là. C'est une friponne, une impertinente, une effrontée, que je mettrai dans un couvent avant qu'il soit deux jours.

Béralde.

Ah ! voilà qui est bien ! Je suis bien aise que la force vous revienne un peu, et que ma visite vous fasse du bien. Oh çà, nous parlerons d'affaires tantôt. Je vous amène ici un divertissement que j'ai rencontré, qui dissipera votre chagrin, et vous rendra l'ame mieux disposée aux choses que nous avons à dire. Ce sont des Égyptiens vêtus en Mores, qui font des danses mêlées de chansons, où je suis sûr que vous prendrez plaisir ; et cela vaudra bien une ordonnance de monsieur Purgon. Allons[9].

SECOND INTERMÈDE.

Le frère du Malade imaginaire lui amène, pour le divertir, plusieurs Égyptiens et Égyptiennes, vêtus en Mores, qui font des danses entremêlées de chansons.

Première Femme More.

Profitez du printemps
De vos beaux ans,
Aimable jeunesse ;
Profitez du printemps
De vos beaux ans ;
Donnez-vous à la tendresse.

Les plaisirs les plus charmants,
Sans l'amoureuse flamme,

Pour contenter une ame,
N'ont point d'attraits assez puissants.

　　　Profitez du printemps
　　　　De vos beaux ans,
　　　　Aimable jeunesse ;
　　　Profitez du printemps
　　　　De vos beaux ans ;
　　Donnez-vous à la tendresse.
Ne perdez point ces précieux moments.

　　　La beauté passe,
　　　Le temps l'efface ;
　　　L'âge de glace
　　　Vient à sa place,
Qui nous ôte le goût de ces doux passe-temps.

　　　Profitez du printemps
　　　　De vos beaux ans,
　　　　Aimable jeunesse ;
　　　Profitez du printemps
　　　　De vos beaux ans ;
　　Donnez-vous à la tendresse.

PREMIÈRE ENTRÉE DE BALLET.
Danse des Égyptiens et des Égyptiennes.

SECONDE FEMME MORE.

Quand d'aimer on nous presse,
　À quoi songez-vous ?
Nos cœurs, dans la jeunesse,
　N'ont vers la tendresse
　Qu'un penchant trop doux.
L'amour a, pour nous prendre,
　De si doux attraits,
Que, de soi, sans attendre,

On voudroit se rendre
À ses premiers traits ;
Mais tout ce qu'on écoute
Des vives douleurs
Et des pleurs qu'il nous coûte,
Fait qu'on en redoute
Toutes les douceurs.

Troisième Femme More.

Il est doux, à notre âge,
D'aimer tendrement
Un amant
Qui s'engage ;
Mais, s'il est volage,
Hélas ! quel tourment !

Quatrième Femme More.

L'amant qui se dégage
N'est pas le malheur ;
La douleur
Et la rage,
C'est que le volage
Garde notre cœur.

Seconde Femme More.

Quel parti faut-il prendre
Pour nos jeunes cœurs ?

Quatrième Femme More.

Devons-nous nous y rendre,
Malgré ses rigueurs ?

Ensemble.

Oui, suivons ses ardeurs,
Ses transports, ses caprices,
Ses douces langueurs :
S'il a quelques supplices,
Il a cent délices
Qui charment les cœurs.

DEUXIÈME ENTRÉE DE BALLET.

Tous les Mores dansent ensemble, et font sauter des singes qu'ils ont amenés avec eux.

FIN DU SECOND ACTE.

---

1. ↑ *Être engendré,* pour *avoir un gendre.* Molière s'est déjà servi du mot *engendré* dans *l'Étourdi,* acte II, scène VI.
2. ↑ Ici l'édition originale place cette indication : « Thomas Diafoirus est un grand benêt, nouvellement sorti des écoles, qui fait toutes choses de mauvaise grace et à contre-temps. »
3. ↑ Thomas Diafoirus connaît ses auteurs, et il les met à contribution. Ce début de son compliment à Argan semble imité d'un passage du discours de Cicéron, *Ad Quirites, post redditum :* « A parentibus, id quod necesse erat, parvus sum procreatus : a vobis natus sum consularis. Illi mihi fratrem incognitum, qualis futurus esset, dederunt : vos spectatum et incredibili pietate cognitum reddidistis. »   (Auger.)
4. ↑ Les auteurs de l'*Histoire du Théâtre françois* ont trouvé, dans les registres de Molière, les titres de différentes farces attribuées à Molière. *Le grand Benêt de fils,* joué en 1664, leur paraît être le modèle d'après lequel il a fait son rôle de Thomas Diafoirus. En effet, le *baiserai-je ?* et quelques autres traits de ce genre, ont bien l'air d'avoir appartenu au *grand Benêt de fils.*
5. ↑ L'abbé d'Aubignac, dans une dissertation contre Corneille, où l'on retrouve le ton et le style de Thomas Diafoirus, débute ainsi : « Corneille avoit condamné sa muse dramatique au silence ; mais, à l'exemple de la

statue de Memnon, qui rendoit ses oracles sitôt que le soleil la touchoit de ses rayons, il a repris la voix à l'éclat de l'or d'un grand ministre. » Il est probable que Molière a voulu se moquer dans ce passage du style de l'abbé. (Aimé Martin.)
6. ↑ Cette plaisanterie est évidemment imitée des *Plaideurs* de Racine, où Dandin propose à Isabelle de lui faire passer une heure ou deux à voir donner sa question. (Bret.)
7. ↑ Molière a successivement reproduit cette situation dans *l'Étourdi, l'École des Maris, l'Amour médecin, le Sicilien, l'Avare.*
8. ↑ Perrault ne publia le conte *Peau d'Âne* qu'en 1694. Il le recueillit de la bouche des nourrices et des petits enfants, comme le constate ce passage de Molière (écrit en 1673), et comme on peut le voir dans le *Recueil des pièces curieuses et nouvelles, tant en prose qu'en vers*. La Haye, 1694, tome II, p. 21, etc.
9. ↑ Béralde est, comme l'Ariste de *l'École des Maris*, celui des *Femmes savantes* et le Cléante du *Tartuffe*, un de ces frères ou beaux-frères dont l'éloquente raison vient combattre la manie du principal presonnage, et secourir deux amants dont cette manie menace de détruire le bonheur.
(Auger.)

ACTE TROISIÈME.

Scène I.

BÉRALDE, ARGAN, TOINETTE.

BÉRALDE.

Hé bien ! mon frère, qu'en dites-vous ? Cela ne vaut-il pas bien une prise de casse ?

TOINETTE.

Hom ! de bonne casse est bonne.

BÉRALDE.

Oh çà ! voulez-vous que nous parlions un peu ensemble ?

ARGAN.

Un peu de patience, mon frère : je vais revenir.

TOINETTE.

Tenez, monsieur, vous ne songez pas que vous ne sauriez marcher sans bâton.

Argan.

Tu as raison.

Scène II.

BÉRALDE, TOINETTE.

Toinette.

N'abandonnez pas, s'il vous plaît, les intérêts de votre nièce.

Béralde.

J'emploierai toutes choses pour lui obtenir ce qu'elle souhaite.

Toinette.

Il faut absolument empêcher ce mariage extravagant qu'il s'est mis dans la fantaisie ; et j'avois songé en moi-même que ç'auroit été une bonne affaire, de pouvoir introduire ici un médecin à notre poste[1], pour le dégoûter de son monsieur Purgon, et lui décrier sa conduite. Mais, comme nous n'avons personne en main pour cela, j'ai résolu de jouer un tour de ma tête.

Béralde.

Comment ?

Toinette.

C'est une imagination burlesque. Cela sera peut-être plus heureux que sage. Laissez-moi faire. Agissez de votre côté. Voici notre homme.

Scène III.

ARGAN, BÉRALDE.

Béralde.

Vous voulez bien, mon frère, que je vous demande, avant toute chose, de ne vous point échauffer l'esprit dans notre conversation ?

Argan.

Voilà qui est fait.

Béralde.

De répondre sans nulle aigreur aux choses que je pourrai vous dire ?

ARGAN.

Oui.

BÉRALDE.

Et de raisonner ensemble sur les affaires dont nous avons à parler, avec un esprit détaché de toute passion.

ARGAN.

Mon Dieu ! oui. Voilà bien du préambule.

BÉRALDE.

D'où vient, mon frère, qu'ayant le bien que vous avez et n'ayant d'enfants qu'une fille, car je ne compte pas la petite ; d'où vient, dis-je, que vous parlez de la mettre dans un couvent ?

ARGAN.

D'où vient, mon frère, que je suis maître dans ma famille, pour faire ce que bon me semble ?

BÉRALDE.

Votre femme ne manque pas de vous conseiller de vous défaire ainsi de vos deux filles ; et je ne doute point que, par un esprit de charité, elle ne fût ravie de les voir toutes deux bonnes religieuses.

Argan.

Oh çà ! nous y voici. Voilà tout d'abord la pauvre femme en jeu. C'est elle qui fait tout le mal, et tout le monde lui en veut.

Béralde.

Non, mon frère ; laissons-la là : c'est une femme qui a les meilleures intentions du monde pour votre famille, et qui est détachée de toute sorte d'intérêt ; qui a pour vous une tendresse merveilleuse, et qui montre pour vos enfants une affection et une bonté qui n'est pas concevable : cela est certain. N'en parlons point, et revenons à votre fille. Sur quelle pensée, mon frère, la voulez-vous donner en mariage au fils d'un médecin ?

Argan.

Sur la pensée, mon frère, de me donner un gendre tel qu'il me faut.

Béralde.

Ce n'est point là, mon frère, le fait de votre fille ; et il se présente un parti plus sortable pour elle.

ARGAN.

Oui ; mais celui-ci, mon frère, est plus sortable pour moi.

BÉRALDE.

Mais le mari qu'elle doit prendre doit-il être, mon frère, ou pour elle, ou pour vous ?

ARGAN.

Il doit être, mon frère, et pour elle et pour moi ; et je veux mettre dans ma famille les gens dont j'ai besoin.

BÉRALDE.

Par cette raison-là, si votre petite étoit grande, vous lui donneriez en mariage un apothicaire.

ARGAN.

Pourquoi non ?

BÉRALDE.

Est-il possible que vous serez toujours embéguiné de vos apothicaires et de vos médecins, et que vous vouliez être malade en dépit des gens et de la nature !

Argan.

Comment l'entendez-vous, mon frère ?

Béralde.

J'entends, mon frère, que je ne vois point d'homme qui soit moins malade que vous, et que je ne demanderois point une meilleure constitution que la vôtre. Une grande marque que vous vous portez bien, et que vous avez un corps parfaitement bien composé, c'est qu'avec tous les soins que vous avez pris, vous n'avez pu parvenir encore à gâter la bonté de votre tempérament, et que vous n'êtes point crevé de toutes les médecines qu'on vous a fait prendre.

Argan.

Mais savez-vous, mon frère, que c'est cela qui me conserve ; et que monsieur Purgon dit que je succomberois, s'il étoit seulement trois jours sans prendre soin de moi ?

Béralde.

Si vous n'y prenez garde, il prendra tant de soin de vous, qu'il vous envoiera en l'autre monde.

Argan.

Mais raisonnons un peu, mon frère. Vous ne croyez donc point à la médecine ?

Béralde.

Non, mon frère ; et je ne vois pas que, pour son salut, il soit nécessaire d'y croire.

Argan.

Quoi ! vous ne tenez pas véritable une chose établie par tout le monde, et que tous les siècles ont révérée ?

Béralde.

Bien loin de la tenir véritable, je la trouve, entre nous, une des plus grandes folies qui soient parmi les hommes ; et, à regarder les choses en philosophe, je ne vois point une plus plaisante momerie, je ne vois rien de plus ridicule, qu'un homme qui se veut mêler d'en guérir un autre.

Argan.

Pourquoi ne voulez-vous pas, mon frère, qu'un homme en puisse guérir un autre ?

Béralde.

Par la raison, mon frère, que les ressorts de notre machine sont des mystères, jusques ici, où les hommes ne voient goutte ; et que la nature nous a mis au-devant des yeux des voiles trop épais pour y connoître quelque chose.

Argan.

Les médecins ne savent donc rien, à votre compte ?

Béralde.

Si fait, mon frère. Ils savent la plupart de fort belles humanités, savent parler en beau latin, savent nommer en grec toutes les maladies, les définir et les diviser ; mais, pour ce qui est de les guérir, c'est ce qu'ils ne savent pas du tout[2].

Argan.

Mais toujours faut-il demeurer d'accord que, sur cette matière, les médecins en savent plus que les autres.

Béralde.

Ils savent, mon frère, ce que je vous ai dit, qui ne guérit pas de grand'chose : et toute l'excellence de leur art consiste en un pompeux galimatias, en un spécieux babil, qui vous donne des mots pour des raisons, et des promesses pour des effets.

Argan.

Mais enfin, mon frère, il y a des gens aussi sages et aussi habiles que vous ; et nous voyons que, dans la maladie, tout le monde a recours aux médecins.

Béralde.

C'est une marque de la foiblesse humaine, et non pas de la vérité de leur art.

Argan.

Mais il faut bien que les médecins croient leur art véritable, puisqu'ils s'en servent pour eux-mêmes.

Béralde.

C'est qu'il y en a parmi eux qui sont eux-mêmes dans l'erreur populaire, dont ils profitent ; et d'autres qui en profitent sans y être. Votre monsieur Purgon, par exemple, n'y sait point de finesse ; c'est un homme tout médecin, depuis la tête jusqu'aux pieds ; un homme qui croit à ses règles plus qu'à toutes les démonstrations des mathématiques, et qui croiroit du crime à les vouloir examiner ; qui ne voit rien d'obscur dans la médecine, rien de douteux, rien de difficile ; et qui, avec une impétuosité de prévention, une roideur de confiance, une brutalité de sens commun et de raison, donne au travers des purgations et des saignées, et ne balance aucune chose. Il ne lui faut point vouloir mal de tout ce qu'il pourra vous faire : c'est de la meilleure foi du monde qu'il vous expédiera ; et il ne fera, en vous tuant, que ce qu'il a fait à sa femme et à ses enfants, et ce qu'en un besoin il feroit à lui-même[3].

Argan.

C'est que vous avez, mon frère, une dent de lait contre lui. Mais, enfin, venons au fait. Que faire donc quand on est malade ?

Béralde.

Rien, mon frère.

Argan.

Rien ?

Béralde.

Rien. Il ne faut que demeurer en repos. La nature, d'elle-même, quand nous la laissons faire, se tire doucement du désordre où elle est tombée. C'est notre inquiétude, c'est notre impatience qui gâte tout ; et presque tous les hommes meurent de leurs remèdes, et non pas de leurs maladies.

Argan.

Mais il faut demeurer d'accord, mon frère, qu'on peut aider cette nature par de certaines choses.

Béralde.

Mon Dieu, mon frère, ce sont de pures idées dont nous aimons à nous repaître ; et de tout temps il s'est glissé parmi les hommes de belles imaginations que nous venons à croire, parcequ'elles nous flattent et qu'il seroit à souhaiter qu'elles fussent véritables. Lorsqu'un médecin vous parle d'aider, de secourir, de soulager la nature, de lui ôter ce qui lui nuit, et lui donner ce qui lui manque, de la rétablir, et de la remettre dans une pleine facilité de ses fonctions ; lorsqu'il vous parle de rectifier le sang, de tempérer les entrailles et le cerveau, de dégonfler la rate, de raccommoder la poitrine, de réparer le foie, de fortifier le cœur, de rétablir et conserver la chaleur naturelle, et d'avoir des secrets pour étendre la vie à de longues années, il vous dit justement le roman de la médecine. Mais, quand vous en venez à la vérité et à l'expérience, vous ne trouvez rien de tout cela ; et il en est comme de ces beaux songes, qui ne vous laissent au réveil que le déplaisir de les avoir crus.

ARGAN.

C'est-à-dire que toute la science du monde est renfermée dans votre tête ; et vous voulez en savoir plus que tous les grands médecins de notre siècle.

BÉRALDE.

Dans les discours et dans les choses, ce sont deux sortes de personnes que vos grands médecins. Entendez-les parler, les plus habiles gens du monde ; voyez-les faire, les plus ignorants de tous les hommes.

ARGAN.

Ouais ! vous êtes un grand docteur, à ce que je vois ; et je voudrois bien qu'il y eût ici quelqu'un de ces messieurs, pour rembarrer vos raisonnements, et rabaisser votre caquet.

BÉRALDE.

Moi, mon frère, je ne prends point à tâche de combattre la médecine ; et chacun, à ses périls et fortune, peut croire tout ce qu'il lui plaît. Ce que j'en dis n'est qu'entre nous ; et j'aurois souhaité de pouvoir un peu vous tirer de l'erreur où vous êtes, et, pour vous divertir, vous mener voir, sur ce chapitre, quelqu'une des comédies de Molière.

ARGAN.

C'est un bon impertinent que votre Molière, avec ses comédies ! et je le trouve bien plaisant d'aller jouer d'honnêtes gens comme les médecins !

BÉRALDE.

Ce ne sont point les médecins qu'il joue, mais le ridicule de la médecine.

ARGAN.

C'est bien à lui à faire, de se mêler de contrôler la médecine ! Voilà un bon nigaud, un bon impertinent, de se moquer des consultations et des ordonnances, de s'attaquer au corps des médecins, et d'aller mettre sur son théâtre des personnes vénérables comme ces messieurs-là !

BÉRALDE.

Que voulez-vous qu'il y mette, que les diverses professions des hommes ? On y met bien tous les jours les princes et les rois, qui sont d'aussi bonne maison que les médecins.

ARGAN.

Par la mort non de diable ! si j'étois que des médecins, je me vengerois de son impertinence ; et, quand il sera malade, je le laisserois mourir sans secours. Il auroit beau faire et beau dire, je ne lui ordonnerois pas la moindre petite saignée, le moindre petit lavement ; et je lui dirois : Crève, crève ; cela t'apprendra une autre fois à te jouer à la Faculté[4].

BÉRALDE.

Vous voilà bien en colère contre lui.

ARGAN.

Oui. C'est un malavisé ; et si les médecins sont sages, ils feront ce que je dis.

BÉRALDE.

Il sera encore plus sage que vos médecins, car il ne leur demandera point de secours.

ARGAN.

Tant pis pour lui, s'il n'a point recours aux remèdes.

BÉRALDE.

Il a ses raisons pour n'en point vouloir, et il soutient que cela n'est permis qu'aux gens vigoureux et robustes, et qui ont des forces de reste pour porter les remèdes avec la maladie ; mais que pour lui, il n'a justement de la force que pour porter son mal.

ARGAN.

Les sottes raisons que voilà ! Tenez, mon frère, ne parlons point de cet homme-là davantage ; car cela m'échauffe la bile, et vous me donneriez mon mal.

BÉRALDE.

Je le veux bien, mon frère ; et, pour changer de discours, je vous dirai que, sur une petite répugnance que vous témoigne votre fille, vous ne devez point prendre les résolutions violentes de la mettre dans un couvent ; que, pour le choix d'un gendre, il ne faut pas suivre aveuglément la passion qui vous emporte ; et qu'on doit, sur cette matière, s'accommoder un peu à l'inclination d'une fille, puisque c'est pour toute la vie, et que de là dépend tout le bonheur d'un mariage.

Scène IV.

MONSIEUR FLEURANT, une seringue à la main, ARGAN, BÉRALDE.

Argan.

Ah ! mon frère, avec votre permission.

Béralde.

Comment ? Que voulez-vous faire ?

Argan.

Prendre ce petit lavement-là : ce sera bientôt fait.

Béralde.

Vous vous moquez. Est-ce que vous ne sauriez être un moment sans lavement ou sans médecine ? Remettez cela à une autre fois, et demeurez un peu en repos.

Argan.

Monsieur Fleurant, à ce soir, ou à demain au matin.

Monsieur Fleurant, *à Béralde.*

De quoi vous mêlez-vous, de vous opposer aux ordonnances de la médecine, et d'empêcher monsieur de prendre mon clystère ? Vous êtes bien plaisant d'avoir cette hardiesse-là !

Béralde.

Allez, monsieur ; on voit bien que vous n'avez pas accoutumé de parler à des visages[5].

Monsieur Fleurant.

On ne doit point ainsi se jouer des remèdes, et me faire perdre mon temps. Je ne suis venu ici que sur une bonne ordonnance ; et je vais dire à monsieur Purgon comme on m'a empêché d'exécuter ses ordres, et de faire ma fonction. Vous verrez, vous verrez…

Scène V.

ARGAN, BÉRALDE.

Argan.

Mon frère, vous serez cause ici de quelque malheur.

BÉRALDE.

Le grand malheur de ne pas prendre un lavement que monsieur Purgon a ordonné ! Encore un coup, mon frère, est-il possible qu'il n'y ait pas moyen de vous guérir de la maladie des médecins, et que vous vouliez être toute votre vie enseveli dans leurs remèdes ?

ARGAN.

Mon Dieu ! mon frère, vous en parlez comme un homme qui se porte bien ; mais, si vous étiez à ma place, vous changeriez bien de langage. Il est aisé de parler contre la médecine, quand on est en pleine santé.

BÉRALDE.

Mais quel mal avez-vous ?

ARGAN.

Vous me feriez enrager. Je voudrois que vous l'eussiez, mon mal, pour voir si vous jaseriez tant. Ah ! voici monsieur Purgon.

Scène VI.

MONSIEUR PURGON, ARGAN, BÉRALDE, TOINETTE.

Monsieur Purgon.

Je viens d'apprendre là-bas, à la porte, de jolies nouvelles ; qu'on se moque ici de mes ordonnances, et qu'on a fait refus de prendre le remède que j'avois prescrit.

Argan.

Monsieur, ce n'est pas…

Monsieur Purgon.

Voilà une hardiesse bien grande, une étrange rébellion d'un malade contre son médecin !

Toinette.

Cela est épouvantable.

Monsieur Purgon.

Un clystère que j'avois pris plaisir à composer moi-même.

Argan.

Ce n'est pas moi…

Monsieur Purgon.

Inventé et formé dans toutes les règles de l'art.

Toinette.

Il a tort.

Monsieur Purgon.

Et qui devoit faire dans les entrailles un effet merveilleux.

Argan.

Mon frère…

Monsieur Purgon.

Le renvoyer avec mépris !

Argan, *montrant Béralde.*

C'est lui…

Monsieur Purgon.

C'est une action exorbitante.

Toinette.

Cela est vrai.

Monsieur Purgon.

Un attentat énorme contre la médecine.

ARGAN, *montrant Béralde.*

Il est cause…

MONSIEUR PURGON.

Un crime de lèse-Faculté, qui ne se peut assez punir.

TOINETTE.

Vous avez raison.

MONSIEUR PURGON.

Je vous déclare que je romps commerce avec vous.

ARGAN.

C'est mon frère…

MONSIEUR PURGON.

Que je ne veux plus d'alliance avec vous.

TOINETTE.

Vous ferez bien.

MONSIEUR PURGON.

Et que, pour finir toute liaison avec vous, voilà la donation que je faisois à mon neveu, en faveur du mariage.

(Il déchire la donation, et en jette les morceaux avec fureur.)

Argan.

C'est mon frère qui a fait tout le mal.

Monsieur Purgon.

Mépriser mon clystère !

Argan.

Faites-le venir ; je m'en vais le prendre.

Monsieur Purgon.

Je vous aurois tiré d'affaire avant qu'il fût peu.

Toinette.

Il ne le mérite pas.

Monsieur Purgon.

J'allois nettoyer votre corps, et en évacuer entièrement les mauvaises humeurs.

Argan.

Ah ! mon frère !

Monsieur Purgon.

Et je ne voulois plus qu'une douzaine de médecines pour vider le fond du sac.

Toinette.

Il est indigne de vos soins.

Monsieur Purgon.

Mais, puisque vous n'avez pas voulu guérir par mes mains…

Argan.

Ce n'est pas ma faute.

Monsieur Purgon.

Puisque vous vous êtes soustrait de l'obéissance que l'on doit à son médecin…

Toinette.

Cela crie vengeance.

Monsieur Purgon.

Puisque vous vous êtes déclaré rebelle aux remèdes que je vous ordonnois…

Argan.

Hé ! point du tout.

Monsieur Purgon.

J'ai à vous dire que je vous abandonne à votre mauvaise constitution, à l'intempérie de vos entrailles, à la corruption de votre sang, à l'âcreté de votre bile, et à la féculence de vos humeurs.

Toinette.

C'est fort bien fait.

Argan.

Mon Dieu !

Monsieur Purgon.

Et je veux qu'avant qu'il soit quatre jours vous deveniez dans un état incurable ;

Argan.

Ah ! miséricorde !

MONSIEUR PURGON.

Que vous tombiez dans la bradypepsie[6],

ARGAN.

Monsieur Purgon !

MONSIEUR PURGON.

De la bradypepsie dans la dyspepsie,

ARGAN.

Monsieur Purgon !

MONSIEUR PURGON.

De la dyspepsie dans l'apepsie,

ARGAN.

Monsieur Purgon !

MONSIEUR PURGON.

De l'apepsie dans la lienterie[7],

ARGAN.

Monsieur Purgon !

Monsieur Purgon.

De la lienterie dans la dyssenterie,

Argan.

Monsieur Purgon !

Monsieur Purgon.

De la dyssenterie dans l'hydropisie,

Argan.

Monsieur Purgon !

Monsieur Purgon.

Et de l'hydropisie dans la privation de la vie, où vous aura conduit votre folie.

Scène VII.

ARGAN, BÉRALDE.

Argan.

Ah, mon Dieu ! je suis mort. Mon frère, vous m'avez perdu.

Béralde.

Quoi ! qu'y a-t-il ?

Argan.

Je n'en puis plus. Je sens déjà que la médecine se venge.

Béralde.

Ma foi, mon frère, vous êtes fou ; et je ne voudrois pas, pour beaucoup de choses, qu'on vous vît faire que ce vous faites. Tâtez-vous un peu, je vous prie ; revenez à vous-même, et ne donnez point tant à votre imagination.

Argan.

Vous voyez, mon frère, les étranges maladies dont il m'a menacé.

Béralde.

Le simple homme que vous êtes !

Argan.

Il dit que je deviendrai incurable avant qu'il soit quatre jours.

Béralde.

Et ce qu'il dit, que fait-il à la chose ? Est-ce un oracle qui a parlé ? Il semble, à vous entendre, que monsieur Purgon tienne dans ses mains le filet de vos jours, et que, d'autorité suprême, il vous l'allonge et vous le raccourcisse comme il lui plaît. Songez que les principes de votre vie sont en vous-même, et que le courroux de monsieur Purgon est aussi peu capable de vous faire mourir que ses remèdes de vous faire vivre. Voici une aventure, si vous voulez, à vous défaire des médecins ; ou, si vous êtes né à ne pouvoir vous en passer, il est aisé d'en avoir un autre, avec lequel, mon frère, vous puissiez courir un peu moins de risque.

ARGAN.

Ah ! mon frère, il sait tout mon tempérament, et la manière dont il faut me gouverner.

BÉRALDE.

Il faut vous avouer que vous êtes un homme d'une grande prévention, et que vous voyez les choses avec d'étranges yeux.

Scène VIII.

ARGAN, BÉRALDE, TOINETTE.

TOINETTE, *à Argan.*

Monsieur, voilà un médecin qui demande à vous voir.

Argan.

Et quel médecin ?

Toinette.

Un médecin de la médecine.

Argan.

Je te demande qui il est.

Toinette.

Je ne le connois pas, mais il me ressemble comme deux gouttes d'eau ; et, si je n'étois sûre que ma mère étoit honnête femme, je dirois que ce seroit quelque petit frère qu'elle m'auroit donné depuis le trépas de mon père.

Argan.

Fais-le venir.

Scène IX.

ARGAN, BÉRALDE.

Béralde.

Vous êtes servi à souhait. Un médecin vous quitte ; un autre se présente.

Argan.

J'ai bien peur que vous ne soyez cause de quelque malheur.

Béralde.

Encore ! Vous en revenez toujours là.

Argan.

Voyez-vous, j'ai sur le cœur toutes ces maladies-là que je ne connois point, ces…

Scène X.

ARGAN, BÉRALDE ; TOINETTE, en médecin.

Toinette.

Monsieur, agréez que je vienne vous rendre visite, et vous offrir mes petits services pour toutes les saignées et les purgations dont vous aurez besoin.

Argan.

Monsieur, je vous suis fort obligé. (À Béralde.) Par ma foi, voilà Toinette elle-même.

Toinette.

Monsieur, je vous prie de m'excuser : j'ai oublié de donner une commission à mon valet ; je reviens tout à l'heure.

Scène XI.

ARGAN, BÉRALDE.

Argan.

Hé ! ne diriez-vous pas que c'est effectivement Toinette ?

Béralde.

Il est vrai que la ressemblance est tout à fait grande ; mais ce n'est pas la première fois qu'on a vu de ces sortes de choses, et les histoires ne sont pleines que de ces jeux de la nature.

Argan.

Pour moi j'en suis surpris ; et…

Scène XII.

ARGAN, BÉRALDE, TOINETTE.

TOINETTE.

Que voulez-vous, monsieur ?

ARGAN.

Comment ?

TOINETTE.

Ne m'avez-vous pas appelée ?

ARGAN.

Moi ? non.

TOINETTE.

Il faut donc que les oreilles m'aient corné.

ARGAN.

Demeure un peu ici pour voir comme ce médecin te ressemble.

Toinette.

Oui, vraiment ! J'ai affaire là-bas ; et je l'ai assez vu.

Scène XIII.

ARGAN, BÉRALDE.

Argan.

Si je ne les voyois tous deux, je croirois que ce n'est qu'un.

Béralde.

J'ai lu des choses surprenantes de ces sortes de ressemblances ; et nous en avons vu, de notre temps, où tout le monde s'est trompé.

Argan.

Pour moi, j'aurois été trompé à celle-là ; et j'aurois juré que c'est la même personne.

Scène XIV.

ARGAN, BÉRALDE ; TOINETTE, en médecin.

Toinette.

Monsieur, je vous demande pardon de tout mon cœur.

Argan.

Cela est admirable.

Toinette.

Vous ne trouverez pas mauvais, s'il vous plaît, la curiosité que j'ai eue de voir un illustre malade comme vous êtes ; et votre réputation, qui s'étend partout, peut excuser la liberté que j'ai prise.

Argan.

Monsieur, je suis votre serviteur.

Toinette.

Je vois, monsieur, que vous me regardez fixement. Quel âge croyez-vous bien que j'aie ?

Argan.

Je crois que tout au plus vous pouvez avoir vingt-six ou vingt-sept ans.

Toinette.

Ah, ah, ah, ah, ah ! j'en ai quatre-vingt-dix.

Argan.

Quatre-vingt-dix !

Toinette.

Oui. Vous voyez en effet des secrets de mon art, de me conserver ainsi frais et vigoureux.

Argan.

Par ma foi, voilà un beau jeune vieillard pour quatre-vingt-dix ans !

Toinette.

Je suis médecin passager, qui vais de ville en ville, de province en province, de royaume en royaume, pour chercher d'illustres matières à ma capacité, pour trouver des malades dignes de m'occuper, capables d'exercer les grands et beaux secrets que j'ai trouvés dans la médecine. Je dédaigne de m'amuser à ce menu fatras de maladies ordinaires, à ces bagatelles de rhumatismes et de fluxions, à ces fiévrotes, à ces vapeurs, et à ces migraines. Je veux des maladies d'importance, de bonnes fièvres continues, avec des transports au cerveau, de bonnes fièvres pourprées, de bonnes pestes, de bonnes hydropisies formées, de bonnes pleurésies avec des inflammations de poitrine ; c'est là que je me plais, c'est là que je triomphe ; et je voudrois, monsieur, que vous eussiez toutes les maladies que je viens de dire, que vous fussiez abandonné de tous les médecins, désespéré, à l'agonie, pour vous montrer l'excellence de mes remèdes et l'envie que j'aurois de vous rendre service.

Argan.

Je vous suis obligé, monsieur, des bontés que vous avez pour moi.

Toinette.

Donnez-moi votre pouls. Allons donc, que l'on batte comme il faut. Ah ! je vous ferai bien aller comme vous devez. Ouais ! ce pouls-là fait l'impertinent ; je vois bien que vous ne me connoissez pas encore. Qui est votre médecin ?

Argan.

Monsieur Purgon.

Toinette.

Cet homme-là n'est point écrit sur mes tablettes entre les grands médecins. De quoi dit-il que vous êtes malade ?

Argan.

Il dit que c'est du foie, et d'autres disent que c'est de la rate.

TOINETTE.

Ce sont tous des ignorants. C'est du poumon que vous êtes malade.

ARGAN.

Du poumon ?

TOINETTE.

Oui. Que sentez-vous ?

ARGAN.

Je sens de temps en temps des douleurs de tête.

TOINETTE.

Justement, le poumon.

ARGAN.

Il me semble parfois que j'ai un voile devant les yeux.

TOINETTE.

Le poumon.

Argan.

J'ai quelquefois des maux de cœur.

Toinette.

Le poumon.

Argan.

Je sens parfois des lassitudes par tous les membres.

Toinette.

Le poumon.

Argan.

Et quelquefois il me prend des douleurs dans le ventre, comme si c'étoient des coliques.

Toinette.

Le poumon. Vous avez appétit à ce que vous mangez ?

Argan.

Oui, monsieur.

Toinette.

Le poumon. Vous aimez à boire un peu de vin ?

Argan.

Oui, monsieur.

Toinette.

Le poumon. Il vous prend un petit sommeil après le repas, et vous êtes bien aise de dormir ?

Argan.

Oui, monsieur.

Toinette.

Le poumon, le poumon, vous dis-je. Que vous ordonne votre médecin pour votre nourriture ?

Argan.

Il m'ordonne du potage,

Toinette.

Ignorant !

Argan.

De la volaille,

TOINETTE.

Ignorant !

ARGAN.

Du veau,

TOINETTE.

Ignorant !

ARGAN.

Des bouillons,

TOINETTE.

Ignorant !

ARGAN.

Des œufs frais ;

TOINETTE.

Ignorant !

ARGAN.

Et le soir, de petits pruneaux pour lâcher le ventre ;

TOINETTE.

Ignorant !

ARGAN.

Et surtout de boire mon vin fort trempé.

TOINETTE.

Ignorantus, ignoranta, ignorantum. Il faut boire votre vin pur ; et, pour épaissir votre sang, qui est trop subtil, il faut manger de bon gros bœuf, de bon gros porc, de bon fromage de Hollande ; du gruau et du riz, et des marrons et des oublies, pour coller et conglutiner. Votre médecin est une bête. Je veux vous en envoyer un de ma main ; et je viendrai vous voir de temps en temps, tandis que je serai en cette ville.

ARGAN.

Vous m'obligerez beaucoup.

TOINETTE.

Que diantre faites-vous de ce bras-là ?

ARGAN.

Comment ?

Toinette.

Voilà un bras que je me ferois couper tout à l'heure, si j'étois que de vous.

Argan.

Et pourquoi ?

Toinette.

Ne voyez-vous pas qu'il tire à soi toute la nourriture, et qu'il empêche ce côté-là de profiter ?

Argan.

Oui ; mais j'ai besoin de mon bras.

Toinette.

Vous avez là aussi un œil droit que je me ferois crever, si j'étois en votre place.

Argan.

Crever un œil ?

Toinette.

Ne voyez-vous pas qu'il incommode l'autre, et lui dérobe sa nourriture ? Croyez-moi, faites-vous-le crever au plus tôt : vous en verrez plus clair de l'œil gauche.

Argan.

Cela n'est pas pressé.

Toinette.

Adieu. Je suis fâché de vous quitter sitôt ; mais il faut que je me trouve à une grande consultation qui doit se faire pour un homme qui mourut hier.

Argan.

Pour un homme qui mourut hier ?

Toinette.

Oui : pour aviser et voir ce qu'il auroit fallu lui faire pour le guérir. Jusqu'au revoir.

Argan.

Vous savez que les malades ne reconduisent point.

Scène XV.

ARGAN, BÉRALDE.

BÉRALDE.

Voilà un médecin, vraiment, qui paroît fort habile !

ARGAN.

Oui ; mais il va un peu bien vite.

BÉRALDE.

Tous les grands médecins sont comme cela.

ARGAN.

Me couper un bras et me crever un œil, afin que l'autre se porte mieux ! J'aime bien mieux qu'il ne se porte pas si bien. La belle opération, de me rendre borgne et manchot !

Scène XVI.

ARGAN, BÉRALDE, TOINETTE.

TOINETTE, *feignant de parler à quelqu'un.*

Allons, allons, je suis votre servante. Je n'ai pas envie de rire.

ARGAN.

Qu'est ce que c'est ?

Toinette.

Votre médecin, ma foi, qui me vouloit tâter le pouls.

Argan.

Voyez un peu, à l'âge de quatre-vingt-dix ans !

Béralde.

Oh çà ! mon frère, puisque voilà votre monsieur Purgon brouillé avec vous, ne voulez-vous pas bien que je vous parle du parti qui s'offre pour ma nièce ?

Argan.

Non, mon frère : je veux la mettre dans un couvent, puisqu'elle s'est opposée à mes volontés. Je vois bien qu'il y a quelque amourette là-dessous, et j'ai découvert certaine entrevue secrète qu'on ne sait pas que j'aie découverte.

Béralde.

Hé bien ! mon frère, quand il y auroit quelque petite inclination, cela seroit-il si criminel ? Et rien peut-il vous offenser, quand tout ne va qu'à des choses honnêtes, comme le mariage ?

ARGAN.

Quoi qu'il en soit, mon frère, elle sera religieuse ; c'est une chose résolue.

BÉRALDE.

Vous voulez faire plaisir à quelqu'un.

ARGAN.

Je vous entends. Vous en revenez toujours là, et ma femme vous tient au cœur.

BÉRALDE.

Hé bien ! oui, mon frère ; puisqu'il faut parler à cœur ouvert, c'est votre femme que je veux dire ; et, non plus que l'entêtement de la médecine, je ne puis vous souffrir l'entêtement où vous êtes pour elle, et voir que vous donniez, tête baissée, dans tous les pièges qu'elle vous tend.

TOINETTE.

Ah ! monsieur, ne parlez point de madame ; c'est une femme sur laquelle il n'y a rien à dire, une femme sans artifice, et qui aime monsieur, qui l'aime… On ne peut pas dire cela.

ARGAN.

Demandez-lui un peu les caresses qu'elle me fait ;

Toinette.

Cela est vrai.

Argan.

L'inquiétude que lui donne ma maladie ;

Toinette.

Assurément.

Argan.

Et les soins et les peines qu'elle prend autour de moi.

Toinette.

Il est certain. (À Béralde.) Voulez vous que je vous convainque, et vous fasse voir tout à l'heure comme madame aime monsieur ? (À Argan.) Monsieur, souffrez que je lui montre son bec jaune et le tire d'erreur.

Argan.

Comment ?

Toinette.

Madame s'en va revenir. Mettez-vous tout étendu dans cette chaise, et contrefaites le mort. Vous verrez la douleur où elle sera quand je lui dirai la nouvelle.

Argan.

Je le veux bien.

Toinette.

Oui ; mais ne la laissez pas longtemps dans le désespoir, car elle en pourroit bien mourir.

Argan.

Laisse-moi faire.

Toinette, *à Béralde.*

Cachez-vous, vous, dans ce coin-là.

Scène XVII.

ARGAN, TOINETTE.

Argan.

N'y a-t-il point quelque danger à contrefaire le mort ?

Toinette.

Non, non. Quel danger y auroit-il ? Étendez-vous là seulement. *(Bas.)* Il y aura plaisir à confondre votre frère. Voici madame. Tenez-vous bien.

Scène XVIII.

BÉLINE ; ARGAN, étendu dans sa chaise ; TOINETTE.

Toinette, *feignant de ne pas voir Béline*

Ah ! mon Dieu ! Ah ! malheur ! quel étrange accident !

Béline.

Qu'est-ce, Toinette ?

Toinette.

Ah ! madame !

Béline.

Qu'y a-t-il ?

Toinette.

Votre mari est mort.

Béline.

Mon mari est mort ?

Toinette.

Hélas ! oui ! le pauvre défunt est trépassé.

Béline.

Assurément ?

Toinette.

Assurément ; personne ne sait encore cet accident-là ; et je me suis trouvée ici toute seule. Il vient de passer entre mes bras. Tenez, le voilà tout de son long dans cette chaise.

Béline.

Le ciel en soit loué ! Me voilà délivrée d'un grand fardeau. Que tu es sotte, Toinette, de t'affliger de cette mort !

Toinette.

Je pensois, madame, qu'il fallût pleurer.

Béline.

Va, va, cela n'en vaut pas la peine. Quelle perte est-ce que la sienne ? et de quoi servoit-il sur la terre ? Un homme incommode à tout le monde, malpropre, dégoûtant, sans cesse un lavement ou une médecine dans le ventre, mouchant, toussant, crachant toujours ; sans esprit, ennuyeux, de mauvaise humeur, fatiguant sans cesse les gens, et grondant jour et nuit servantes et valets.

TOINETTE.

Voilà une belle oraison funèbre !

BÉLINE.

Il faut, Toinette, que tu m'aides à exécuter mon dessein ; et tu peux croire qu'en me servant, ta récompense est sûre. Puisque, par un bonheur, personne n'est encore averti de la chose, portons-le dans son lit, et tenons cette mort cachée, jusqu'à ce que j'aie fait mon affaire. Il y a des papiers, il y a de l'argent, dont je veux me saisir ; et il n'est pas juste que j'aie passé sans fruit auprès de lui mes plus belles années. Viens, Toinette ; prenons auparavant toutes ses clefs.

ARGAN, *se levant brusquement.*

Doucement.

BÉLINE.

Ahi !

Argan.

Oui, madame ma femme, c'est ainsi que vous m'aimez ?

Toinette.

Ah ! ah ! le défunt n'est pas mort.

Argan, *à Béline, qui sort.*

Je suis bien aise de voir votre amitié, et d'avoir entendu le beau panégyrique que vous avez fait de moi. Voilà un avis au lecteur, qui me rendra sage à l'avenir, et qui m'empêchera de faire bien des choses[8].

Scène XIX.

BÉRALDE, sortant de l'endroit où il s'étoit caché ; ARGAN, TOINETTE.

Béralde.

Hé bien ! mon frère, vous le voyez.

Toinette.

Par ma foi, je n'aurois jamais cru cela. Mais j'entends votre fille. Remettez-vous comme vous étiez, et voyons de quelle manière elle recevra votre mort. C'est une chose qu'il n'est pas mauvais d'éprouver ; et, puisque vous êtes en train, vous connoîtrez par là les sentiments que votre famille a pour vous.

(Béralde va se cacher.)

Scène XX.

ARGAN, ANGÉLIQUE, TOINETTE.

Toinette, *feignant de ne pas voir Angélique.*

Ô ciel ! ah ! fâcheuse aventure ! Malheureuse journée !

Angélique.

Qu'as-tu, Toinette ? et de quoi pleures-tu ?

Toinette.

Hélas ! j'ai de tristes nouvelles à vous donner.

Angélique.

Hé ! quoi ?

Toinette.

Votre père est mort.

Angélique.

Mon père est mort, Toinette ?

Toinette.

Oui. Vous le voyez là, il vient de mourir tout à l'heure d'une foiblesse qui lui a pris.

Angélique.

Ô ciel ! quelle infortune ! quelle atteinte cruelle ! Hélas ! faut-il que je perde mon père, la seule chose qui me restoit au monde ; et qu'encore, pour un surcroît de désespoir, je le perde dans un moment où il étoit irrité contre moi ! Que deviendrai-je, malheureuse ? et quelle consolation trouver après une si grande perte ?

Scène XXI.

ARGAN, ANGÉLIQUE, CLÉANTE, TOINETTE.

Cléante.

Qu'avez-vous donc, belle Angélique ? et quel malheur pleurez-vous ?

Angélique.

Hélas ! je pleure tout ce que dans la vie je pouvois perdre de plus cher et de plus précieux ; je pleure la mort de mon père.

Cléante.

Ô ciel ! quel accident ! quel coup inopiné ! Hélas ! après la demande que j'avois conjuré votre oncle de lui faire pour moi, je venois me présenter à lui, et tâcher, par mes respects et par mes prières, de disposer son cœur à vous accorder à mes vœux.

Angélique.

Ah ! Cléante, ne parlons plus de rien. Laissons là toutes les pensées du mariage. Après la perte de mon père, je ne veux plus être du monde, et j'y renonce pour jamais. Oui, mon père, si j'ai résisté tantôt à vos volontés, je veux suivre du moins une de vos intentions, et réparer par là le chagrin que je m'accuse de vous avoir donné. (Se jetant à ses genoux.) Souffrez, mon père, que je vous en donne ici ma parole, et que je vous embrasse pour vous témoigner mon ressentiment.

Argan, *embrassant Angélique.*

Ah ! ma fille !

Angélique.

Ahi !

ARGAN.

Viens. N'aie point de peur, je ne suis pas mort. Va, tu es mon vrai sang, ma véritable fille ; et je suis ravi d'avoir vu ton bon naturel.

Scène XXII.

ARGAN, BÉRALDE, ANGÉLIQUE, CLÉANTE, TOINETTE.

ANGÉLIQUE.

Ah ! quelle surprise agréable ! Mon père, puisque, par un bonheur extrême, le ciel vous redonne à mes vœux, souffrez qu'ici je me jette à vos pieds, pour vous supplier d'une chose. Si vous n'êtes pas favorable au penchant de mon cœur, si vous me refusez Cléante pour époux, je vous conjure au moins de ne me point forcer d'en épouser un autre. C'est toute la grace que je vous demande.

CLÉANTE, *se jetant aux genoux d'Argan.*

Hé ! monsieur, laissez-vous toucher à ses prières et aux miennes ; et ne vous montrez point contraire aux mutuels empressements d'une si belle inclination.

BÉRALDE.

Mon frère, pouvez-vous tenir là contre ?

TOINETTE.

Monsieur, serez-vous insensible à tant d'amour ?

ARGAN.

Qu'il se fasse médecin, je consens au mariage. (À Cléante.) Oui, faites-vous médecin, je vous donne ma fille.

CLÉANTE.

Très volontiers, monsieur. S'il ne tient qu'à cela pour être votre gendre, je me ferai médecin, apothicaire même, si vous voulez. Ce n'est pas une affaire que cela, et je ferois bien d'autres choses pour obtenir la belle Angélique.

BÉRALDE.

Mais, mon frère, il me vient une pensée. Faites-vous médecin vous-même. La commodité sera encore plus grande, d'avoir en vous tout ce qu'il vous faut.

TOINETTE.

Cela est vrai. Voilà le vrai moyen de vous guérir bientôt ; et il n'y a point de maladie si osée que de se jouer à la personne d'un médecin.

Argan.

Je pense, mon frère, que vous vous moquez de moi. Est-ce que je suis en âge d'étudier ?

Béralde.

Bon, étudier ! Vous êtes assez savant ; et il y en a beaucoup parmi eux qui ne sont pas plus habiles que vous.

Argan.

Mais il faut savoir bien parler latin, connoître les maladies, et les remèdes qu'il y faut faire.

Béralde.

En recevant la robe et le bonnet de médecin, vous apprendrez tout cela ; et vous serez après plus habile que vous ne voudrez.

Argan.

Quoi ! l'on sait discourir sur les maladies quand on a cet habit-là ?

Béralde.

Oui. L'on n'a qu'à parler avec une robe et un bonnet, tout galimatias devient savant, et toute sottise devient raison.

Toinette.

Tenez, monsieur, quand il n'y auroit que votre barbe, c'est déjà beaucoup ; et la barbe fait plus de la moitié d'un médecin.

Cléante.

En tout cas, je suis prêt à tout.

Béralde, *à Argan.*

Voulez-vous que l'affaire se fasse tout à l'heure ?

Argan.

Comment, tout à l'heure ?

Béralde.

Oui, et dans votre maison.

Argan.

Dans ma maison ?

Béralde.

Oui. Je connois une Faculté de mes amies, qui viendra tout à l'heure en faire la cérémonie dans votre salle. Cela ne vous coûtera rien.

Argan.

Mais moi, que dire ? que répondre ?

Béralde.

On vous instruira en deux mots, et l'on vous donnera par écrit ce que vous devez dire. Allez-vous-en vous mettre en habit décent. Je vais les envoyer querir.

Argan.

Allons, voyons cela.

Scène XXIII.

BÉRALDE, ANGÉLIQUE, CLÉANTE, TOINETTE.

Cléante.

Que voulez-vous dire ? et qu'entendez-vous avec cette Faculté de vos amies ?

Toinette.

Quel est votre dessein ?

Béralde.

De vous divertir un peu ce soir. Les comédiens ont fait un petit intermède de la réception d'un médecin, avec des danses et de la musique ; je veux que nous en prenions ensemble le divertissement, et que mon frère y fasse le premier personnage.

Angélique.

Mais, mon oncle, il me semble que vous vous jouez un peu beaucoup de mon père.

Béralde.

Mais, ma nièce, ce n'est pas tant le jouer, que s'accommoder à ses fantaisies. Tout ceci n'est qu'entre nous. Nous y pouvons aussi prendre chacun un personnage, et nous donner ainsi la comédie les uns aux autres. Le carnaval autorise cela. Allons vite préparer toutes choses.

Cléante, *à Angélique.*

Y consentez-vous ?

Angélique.

Oui, puisque mon oncle nous conduit.

TROISIÈME INTERMÈDE[9].

C'est une cérémonie burlesque d'un homme qu'on fait médecin, en récit, chant, et danse. Plusieurs tapissiers viennent préparer la salle, et placer les bancs en cadence. En suite de quoi, toute l'assemblée, composée de huit porte-seringues, six apothicaires, vingt-deux docteurs, et celui qui se fait recevoir médecin, huit chirurgiens dansants, et deux chantants, entrent, et prennent place, chacun selon son rang[10].

PREMIÈRE ENTRÉE DE BALLET.

Præses.

Savantissimi doctores,
Medicinæ professores,
Qui hic assemblati estis ;
Et vos, altri messiores,
Sententiarum Facultatis
Fideles executores,
Chirurgiani et apothicari,
Atque tota compania aussi,
Salus, honor et argentum,
Atque bonum appetitum.

Non possum, docti confreri,
En moi satis admirari
Qualis bona inventio
Est medici professio ;
Quam bella chosa est et bene trovata,
Medicina illa benedicta,
Quæ, suo nomine solo,

Surprenanti miraculo,
Depuis si longo tempore,
Facit à gogo vivere
Tant de gens omni genere.

Per totam terram videmus,
Grandam vogam ubi sumus ;
Et quod grandes et petiti
Sunt de nobis infatuti.
Totus mundus, currens ad nostros remedios
Nos regardat sicut deos ;
Et nostris ordonnanciis
Principes et reges soumissos videtis.

Doncque il est nostræ sapientiæ,
Boni sensus atque prudentiæ,
De fortement travaillare
A nos bene conservare
In tali credito, voga, et honore ;
Et prendere gardam a non recevere
In nostro docto corpore,
Quam personas capabiles,
Et totas dignas remplire
Has plaças honorabiles.

C'est pour cela que nunc convocati estis ;
Et credo quod trovabitis
Dignam matieram medici
In savanti homine que voici ;
Lequel, in chosis omnibus,
Dono ad interrogandum,
Et à fond examinandum
Vostris capacitatibus.

Primus Doctor.

Si mihi licentiam dat dominus præses,
Et tanti docti doctores,

Et assistantes illustres,
Très savanti bacheliero,
Quem estimo et honoro,
Domandabo causam et rationem quare
Opium facit dormire.

Bachelierus.

Mihi a docto doctore
Domandatur causam et rationem quare
Opium facit dormire.
A quoi respondeo,
Quia est in eo
Vertus dormitiva,
Cujus est natura
Sensus assoupire.

Chorus.

Bene, bene, bene, bene respondere.
Dignus, dignus est intrare
In nostro docto corpore.
Bene, bene respondere.

Secundus Doctor.

[Proviso quod non displiceat,
Domino præsidi, lequel n'est pas fat,
Me benigne annuat,
Cum totis doctoribus savantibus,
Et assistantibus bienveillantibus,
Dicat mihi un peu dominus prætendens,
Raisòn a priori et evidens
Cur rhubarba et le séne
Per nos semper est ordonne
Ad purgandum l'utramque bile.
Si dicit hoc, erit valde habile.

BACHELIERUS.

A docto doctore mihi, qui sum prætendens,
Domandatur raison a priori et evidens
    Cur rhubarba et le séne
    Per nos semper est ordonne
    Ad purgandum l'utramque bile.
    Respondeo vobis,
    Quia est in illis
    Vertus purgativa,
    Cujus est natura
Istas duas biles evacuare.

CHORUS.

Bene, bene, bene, bene respondere.
    Dignus, dignus est intrare
    In nostro docto corpore.

TERTIUS DOCTOR.

  Ex responsis, il paraît jam sole clarius
  Quod lepidum iste caput bachelierus
Non passavit suam vitam ludendo au trictrac,
    Nec in prenando du tabac ;
Sed explicit pourquoi furfur macrum et parvum lac,
Cum phlebotomia et purgatione humorum,
Appelantur a medisantibus idolæ medicorum,
    Nec non pontus asinorum ?
Si premièrement grata sit domino præsidi
    Nostra libertas quæstionandi,
    Pariter dominis doctoribus
Atque de tous ordres benignis auditoribus.

BACHELIERUS.

    Quærit a me dominus doctor

Chrysologos, id est, qui dit d'or,
Quare parvum lac et furfur macrum,
Phlebotomia et purgatio humorum
Appelantur a medisantibus idolæ medicorum,
Atque pontus asinorum.
Respondeo quia :
Ista ordonnando non requiritur magna scientia,
Et ex illis quatuor rebus
Medici faciunt ludovicos, pistolas, et des quarts d'écus.

Chorus.

Bene, bene, bene, bene respondere.
Dignus, dignus est intrare
In nostro docto corpore.

Quartus Doctor.

Cum permissione domini præsidis,
Doctissimæ Facultatis,
Et totius his nostris actis
Companiæ assistantis,
Domandabo tibi, docte bacheliere,
Quæ sunt remedia
[Tam in homine quam in muliere]
Quæ, in maladia
Ditta hydropisia,
[In malo caduco, apoplexia, convulsione et paralysia,]
Convenit facere.

Bachelierus.

Clysterium donare,
Postea seignare,
Ensuita purgare.

Chorus.

Bene, bene, bene, bene respondere.
   Dignus, dignus est intrare
   In nostro docto corpore.

Quintus Doctor.

Si bonum semblatur domino præsidi,
   Doctissimæ Facultati,
   Et companiæ ecoutanti,
Domandabo tibi, erudite bacheliere,
[Ut revenir un jour à la maison gravis ægre,
Quæ remedia colicosis, fievrosis,
Maniacis, nefreticis, freneticis,
  Melancolicis, demoniacis,
  Asthmaticis atque pulmonicis,
  Catharrosis, tussicolisis,
  Guttosis, ladris atque gallosis,
  In apostemasis plagis et ulcéré,
In omni membro demis aut fracturé
    Covenit facere.]

Bachelierus.

  Clysterium donare,
  Postea seignare,
  Ensuita purgare.

Chorus.

Bene, bene, bene, bene respondere.
   Dignus, dignus est intrare
   In nostro docto corpore.

Sextus Doctor.

[Cum bona venia reverendi præsidis,
   Filiorum Hippocratis,
  Et totius coronæ nos admirantis,
  Petam tibi, resolute bacheliere,
  Non indignus alumnus di Monspeliere,
   Quæ remedia cæcis, surdis, mutis,
 Manchotis, claudis, atque omnibus estropiatis,
Pro coris pedum, malum de dentibus, pesta, rabie
Et nimis magna commotione in omni novo marie.
   Convenit facere.

Bachelierus.

  Clysterium donare,
  Postea seignare,
  Ensuita purgare.

Chorus.

Bene, bene, bene, bene respondere.
  Dignus, dignus est intrare
  In nostro docto corpore.

Septimus Doctor.

  Super illas maladias,
 Dominus bachelierus dixit maravillas ;
Mais, si non ennuyo doctissimam facultatem
  Et totam honorabilem companiam
Tam corporaliter quam mentaliter hic præsentem,
   Faciam illi unam quaestionem ;
   De hiero maladus unus
   Tombavit in meas manus,

Homo qualitatis et dives comme un Crésus.
Habet grandam fievram cum redoublamentis,
    Grandam dolorem capitis,
Cum troublatione spiriti et laxamento ventris ;
   Grandum insuper malum au côté[11],]
    Cum granda difficultate
    Et pena a respirare.
     Veuillas mihi dire,
     Docte bacheliere,
     Quid illi facere.

BACHELIERUS.

  Clysterium donare,
   Postea seignare,
   Ensuita purgare.

CHORUS.

Bene, bene, bene, bene respondere.
  Dignus, dignus est intrare
  In nostro docto corpore.

IDEM DOCTOR.

  Mais, si maladia
  Opiniatria
 [Ponendo medicum a quia]
  Non vult se guarire,
  Quid illi facere ?

BACHELIERUS.

  Clysterium donare,
  Postea seignare,

Ensuita purgare.
Reseignare, repurgare, et reclysterizare.

Chorus.

Bene, bene, bene, bene respondere.
Dignus, dignus est intrare
In nostro docto corpore.

Octavus Doctor.

[Impetro favorabile congé
A domino præside,
Ab electa trouppa doctorum,
Tam practicantium quam practica avidorum,
Et a curiosa turba badodorum.
Ingeniose bacheliere
Qui non potuit esse jusqu'ici déferré,
Faciam tibi unam questionem de importantia.
Messiores, detur nobis audiencia.
Isto die bene mane,
Paulo ante mon déjeuné,
Venit ad me una domicella
Italiana jadis bella,
Et ut penso encore un peu pucella,
Quæ habebat pallidos colores,
Fievram blancam dicunt magis fini doctores,
Quia plaigniebat se de migraina,
De curta halena,
De granda oppressione,
Jambarum enflatura, et effroyabili lassitudine ;
De batimento cordis,
De strangulamento matris,
Alio nomine vapor bystérique,
Quæ, sicut omnes maladiæ terminatæ en ique,
Facit a Galien la nique.
Visagium apparebat bouffietum, et coloris

Tantum vertæ quantum merda anseris,
Ex pulsu petito valde frequens, et urina mala
   Quam apportaverat in fiola
Non videbatur exempta de febricules ;
  Au reste, tam debilis quod venerat
     De son grabat
   In cavallo sur une mule,
   Non habuerat menses suos
  Ab illa die qui dicitur des grosses eaux ;
   Sed contabat mihi à l'oreille
  Che si non era morta, c'était grand merveille
   Perché in suo negotio
Era un poco d'amore, et troppo di cordoglio,
Che suo galanto sen era andato in Allemagna
Servire al signor Brandeburg una campagna.
Usque ad maintenant multi charlatani,
Medici, apothicari, et chirurgiani
Pro sua maladia in vano travaillaverunt,
Juxta même las novas gripas istius bouru Van Helmont
  Amploiantes ab oculis cancri, ad Alcahest ;
   Veuillas mihi dire quid superest,
   Juxta orthodoxos, illi facere.

Bachelierus.

  Clysterium donare,
  Postea seignare,
  Ensuita purgare.

Chorus.

Bene, bene, bene, bene respondere.
  Dignus, dignus est intrare
  In nostro docto corpore.

Idem Doctor.

Mais si tam grandum bouchamentum
   Partium naturalium,
   Mortaliter obstinatum,
   Per clysterium donare,
      Seignare
   Et reiterando cent fois purgare,
   Non potest se guarire,
Finaliter quid trovaris à propos illi facere ?

BACHELIERUS.

In nomine Hippocratis benedictam cum bono
   Garçone conjunctionem imperare.]

PRÆSES.

Juras gardare statuta
Per Facultatem præscripta,
Cum sensu et jugeamento ?

BACHELIERUS.

Juro[12].

PRÆSES.

Essere in omnibus
Consultationibus
 Ancieni aviso,
  Aut bono,
  Aut mauvaiso !

BACHELIERUS.

Juro.

Præses.

De non jamais te servire
De remediis aucunis,
Quam de ceux seulement almæ Facultatis,
Maladus dût-il crevare,
Et mori de suo malo ?

Bachelierus.

Juro.

Præses.

Ego, cum isto boneto
Venerabili et docto,
Dono tibi et concedo
[Puissanciam, vertutem atque licentiam
Medicinam cum methodo faciendi :
Id est,
Clysterizandi,
Seignandi,
Purgandi,
Sangsuandi,
Ventousandi,
Scarificandi,
Perçandi,
Taillandi,
Coupandi,
Trepanandi,
Brulandi,
Uno verbo, selon les formes, atque impune occidendi

Parisiis et per totam terram ;
Rendes, Domine, his messioribus gratiam[13].

DEUXIÈME ENTRÉE DE BALLET.
Tous les chirurgiens et apothicaires viennent lui faire la révérence en cadence.

BACHELIERUS.

Grandes doctores doctrinæ
De la rhubarbe et du séne,
Ce seroit sans douta à moi chosa folla,
Inepta et ridicula,
Si j'alloibam m'engageare
Vobis louangeas donare,
Et entreprenoibam ajoutare
Des lumieras au soleillo,
Des etoilas au cielo,
Des flammas à l'inferno
Des ondas à l'oceano,
Et des rosas au printano,
Agreate qu'avec uno moto,
Pro toto remercimento,
Rendam gratias corpori tam docto.
Vobis, vobis debeo
Bien plus qu'à nature et qu'à patri meo :
Natura et pater meus
Hominem me habent factum ;
Mais vos me (ce qui est bien plus)
Avetis factum medicum :
Honor, favor et gratia,
Qui, in hoc corde que voilà,
Imprimant ressentimenta
Qui dureront in secula.

Chorus.

Vivat, vivat, vivat, vivat, cent fois vivat,
Novus doctor, qui tam bene parlat !
Mille, mille annis, et manget et bibat,
Et seignet et tuat !

TROISIÈME ENTRÉE DE BALLET.

Tous les chirurgiens et les apothicaires dansent au son des instruments et des voix, et des battements de mains, et des mortiers d'apothicaires.

Chirurgus.

Puisse-t-il voir doctas
Suas ordonnancias,
Omnium chirurgorum
Et apothicarum
Remplire boutiquas !

Chorus.

Vivat, vivat, vivat, vivat, cent fois vivat,
Novus doctor, qui tam bene parlat !
Mille, mille annis, et manget et bibat,
Et seignet et tuat !

Apothicarius.

[Puissent toti anni
Lui essere boni
Et favorabiles
Et n'habere jamais
Entre ses mains, pestas, epidemias

     Quæ sunt malas bestias ;
      Mais semper pluresias, pulmonias
    In renibus et vessia pierras,
  Rhumatismos d'un anno, et omnis generis fievras,
   Fluxus de sanguine, gouttas diabolicas.
  Mala de sancto Joanne, Poitevinorum colicas
  Scorbutum de Hollandia, verolas parvas et grossas
     Bonos chancros atque longas callidopissas[14].

BACHELIERUS.

Amen.]

CHORUS.

  Vivat, vivat, vivat, vivat, cent fois vivat,
     Novus doctor, qui tam bene parlat !
  Mille, mille annis, et manget et bibat,
        Et seignet et tuat !

QUATRIÈME ENTRÉE DE BALLET.
Les médecins, les chirurgiens et les apothicaires sortent tous, selon leur rang, en cérémonie, comme ils sont entrés.

FIN DU MALADE IMAGINAIRE

1. ↑ C'est-à-dire *à notre gré, de notre goût.*
2. ↑ Montaigne a dit : « Les médecins connoissent bien Gallien, mais nullement le malade. »
3. ↑ Molière désigne peut-être ici le médecin Guenaut, qu'il avait déjà mis sur la scène dans *l'Amour médecin*, et qui, d'après le témoignage de Guy-

Patin, avait tué, avec son remède favori (l'antimoine), sa femme, sa fille, son neveu et deux de ses gendres. (Aimé Martin.)

4. ↑ On ne peut se défendre d'un sentiment de tristesse en se rappelant de combien peu la mort de Molière suivit cette plaisanterie, en pensant que trois jours après qu'il l'eut dite pour la première fois sur le théâtre, il expira privé des secours des médecins. (Auger.)

5. ↑ « La première fois que cette comédie fut jouée, Béralde répondoit à l'apothicaire : *Allez, monsieur, on voit bien que vous avez coutume de ne parler qu'à des c…* Tous les auditeurs s'en indignèrent ; au lieu qu'on fut ravi d'entendre dire, à la seconde représentation : *Allez, monsieur, on voit bien que vous n'avez pas accoutumé de parler à des visages.* »

(*Lettres de Boursault*, tome I, page 120.)

6. ↑ *Bradypepsie*, digestion lente et imparfaite.

7. ↑ *Dyspepsie*, digestion pénible ou mauvaise ; *apepsie*, privation de digestion, *lienterie*, espèce de dévoiement dans lequel on rend les aliments presque tels qu'on les a pris.

8. ↑ Le germe du rôle de Béline se trouve dans une petite pièce intitulée *le Mari malade*, et qui fut jouée avant l'établissement de Molière à Paris. Un vieillard, qui a épousé une jeune femme, est malade. Cette femme paraît avoir le plus grand soin de lui ; mais elle le hait en secret, et profite de sa maladie pour recevoir son amant. Le mari meurt pendant la pièce, et, ce qui est odieux, la femme se réjouit de sa mort. Avec quel art Molière n'a-t-il pas employé cette conception, qui, débarrassée de ce qu'elle a d'affreux, sert à former un dénoûment aussi heureux que naturel !

(Petitot.)

9. ↑ Les parties nouvelles qui se trouvent ici reproduites pour la première fois dans notre édition de Molière, ont été retrouvées et signalées par M. Magnin, dans un curieux article intitulé : *Quelques pages à ajouter aux Œuvres de Molière. Revue des Deux Mondes*, 1er février 1846. Elles sont placées entre crochets.

10. ↑ Cette réception bouffonne fut une plaisanterie de société, imaginée dans un souper chez madame de La Sablière, où La Fontaine et Despréaux étaient avec Molière. (Aimé Martin.)

Il est probable qu'en composant cet intermède, Molière s'est rappelé les détails des cérémonies alors en usage pour la réception des médecins, et dont il avait dû être témoin pendant son séjour à Montpellier. Ici le badinage ne surpasse guère la vérité. Nous citerons à l'appui de cette opinion un passage fort curieux de Locke à Montpellier, en 1676, trois ans après la mort de Molière ; il est ainsi conçu : « Recette pour faire un docteur en médecine. Grande procession de docteurs habillés de rouge, avec des toques noires ; dix violons jouant des airs de Lulli. Le président s'assied, fait signe aux violons qu'il veut parler, et qu'ils aient à se taire, se lève, commence son discours par l'éloge de ses confrères, et le termine par une diatribe contre les innovations, et la circulation du sang. Il se rassied. Les violons recommencent. Le récipiendaire prend la parole, complimente le chancelier, complimente les professeurs, complimente l'académie. Encore les violons. Le président saisit un bonnet qu'un huissier porte au bout d'un bâton, et qui a suivi processionnellement la cérémonie, coiffe le nouveau docteur, lui met au doigt un anneau, lui serre les reins d'une chaîne d'or, et le prie poliment de s'asseoir. Tout cela m'a fort peu édifié. » (*Life of Locke, by lord King.*)

(Aimé Martin.)

11. ↑ VAR. Super illas maladias.
   Doctus bachelierus dixit maravillas ;
   Mais, si non ennuyo dominum præsidens,
      Doctissimam Facultatem,
      Et totam honorabilem
      Companiam ecoutantem,
    Faciam illi unam questionem.
      Des hiero maladus unus
      Tombavit in meas manus ;
   Habet grandam fievram cum redoublamentis
      Grandam dolorem capitis,
      Et grandum malum au côté.
12. ↑ C'est en prononçant ce mot que Molière succomba.
13. ↑ VAR. Virtutem et puissanciam
         Medicandi,
          Purgandi,
          Seignandi,
          Perçandi,
          Taillandi,
          Coupandi,
         Et occidendi
       Impune per totam terram.
14. ↑ VAR.

CHORUS.

231

Puissent toti anni
   Lui essere boni
   Et favorabiles,
   Et n'habere jamais
   Quam pestas, verolas,
   Fievras, pluresias,
Fluxus de sang, et dyssenterias